BRAIN WRITING

브레인
라이팅

종이 한 장으로
세계 최강의 기업을 만든
기적의 메모 발상법

다카하시 마코토 지음 · 송수영 옮김

이아소

천재는 사라져도
똑똑한 조직은 반드시 살아남는다

여러분은 분명 "일을 더 효율적으로 할 수는 없을까", "회사 분위기를 활기차게 바꾸고 싶은데…", "뭔가 좋은 아이디어가 없을까" 하고 매일 새로운 발상에 목말라 하고 있을 것이다.

현대는 성과주의가 널리 도입되어 결과에 따라 수입도 크게 차이가 나는 소위 '격차의 시대'다. 단순히 습관적으로 일을 하는 사람은 좋은 성과를 올릴 수 없다. 항상 새로운 발상으로 일을 추진하지 않으면 안 된다. 성과의 차이는 한 사람 한 사람의 발상력의 차이이고, 능력도 결국은 발상력의 차이로 좌우된다고 할 수 있다.

발상력은 신입사원에서부터 경영자에 이르기까지 모든 사람들에게, 또한 총무부부터 개발부까지 모든 조직에 요구되고 있다. 그러나 대다수의 사람들이 '나는 발상력이 떨어져'라든지 '발상력이 뛰어난 사람은 특별한 재능의 소유자'라고 생각한다. 이것은 큰 오해다. 발상력은 본래 누구에게나 있는 능력이기 때문이다. 노벨상을 수상한 유가와 히데키도 "창조성이라는 것은 인간 누구에게나 있는 것"이라고 수상집 《여유로운 마음》에 쓰고 있다.

그럼에도 많은 사람들이 발상을 어려워하는 것은 그 방법을 학교나 가정에서 가르쳐주지 않았기 때문이다. 전 세계 어린이 학력 평가에서 해마다 상위권을 차지하는 나라가 핀란드인데, 이 나라에서는 발상력 훈련을 초등학교 저학년부터 실시하고 있다. 덕분에 작은 나라임에도 휴대전화 분야에서 노키아와 같은 세계적인 혁신 기업을 배출해냈고, ICT(정보기술과 통신기술의 합성어 – 옮긴이) 선진국으로 세계에 군림하고 있다.

이 책에서는 발상력을 키우는 데 가장 좋은 방법인 '브레인라이팅(brain writing)'에 관한 모든 것을 소개한다. 발상법 하면 흔히 떠올리는 것이 브레인스토밍이다. 이는 참석자들이 자유롭게 발언을 하는 방식이다. 브레인라이팅은 역으로 집단이 조용히 발상회의를 하는 침묵의 발상회의법이다.

브레인라이팅은 세 가지 특징이 있다.

특징 1 침묵하며 발상하는, 우리에게 최적의 집단회의법

브레인라이팅은 시종 침묵하는 가운데 각 개인이 발상하도록 하면서 아이디어 회의를 진행한다. 브레인라이팅의 첫 번째 특징은 '침묵의 회의'라는 것이다.

참가자들은 말을 하는 대신 조용히 시트에 아이디어를 적는다. 그런 다음 아이디어 시트를 옆사람에게 돌린다. 그러면 옆사람은 앞사람이 적어낸 아이디어를 참고로 해서 다시 새로운 발상을 덧붙이게 된다.

아이디어 회의는 한 사람 한 사람의 발상이 모여 이루어진다. 단 침묵하는 시간을 주어 조용한 가운데 각자 생각을 하도록 한다. 요컨대 브레인라이팅은 말없이 사고하는 기법인 것이다.

이 '침묵의 회의술'이라는 특징은 특히 우리에게 적합하다. 이 기법을 내게 소개해준 독일의 창조 연구자 게슈카 박사에게 "독일에서 브레인라이팅이 고안된 이유가 무엇입니까?" 하고 물어보았더니 그는 이렇게 대답했다. "독일인은 대개 과묵한 성격이라 미국인들처럼 똑 부러지게 자기주장을 잘하지 못합니다."

마찬가지로 우리도 다른 사람들 앞에서 자기 의견을 말하지 못하는 편이다. 그러므로 브레인라이팅은 '우리에게 최적의 기법'이라고 할 수 있다.

특징 2 단시간에 대량의 아이디어를 모을 수 있는 간단 아이디어 발상법

오늘날에는 모든 업종과 직종에서 반짝이는 아이디어가 요구된다. 또한 단시간에 대량의 아이디어를 내는 것이 스피드 시대에는 필수적이다.

그러나 아쉽게도 300개의 아이디어가 있어도 이중 실제로 활용되는 것은 고작 하나 정도다. 나는 이것을 '1/300 법칙'이라 부른다. 1,000개의 아이디어가 쏟아져 나와도 의미 있는 것은 고작 3개 정도인 셈이다. 그러므로 독창적인 아이디어를 뽑아내려면 여러 사람의 중지를 모아 '단시간에 대량의 아이디어를 내는 발상회의법'이 되어야 한다.

브레인라이팅은 짧은 회의 시간에도 대량의 아이디어를 낼 수 있다. 6명이 기본 방법을 통해 20분 정도에 108개의 아이디어를 낼 수 있고, 인원 수나 방법에 따라서는 한 시간 만에 1,000개 이상의 아이디어를 얻을 수도 있다.

게다가 브레인라이팅 시트를 참가자들에게 한 장씩 나누어주고 시간을 정해 아이디어 발상을 진행하는 것이 전부이므로 누구나 바로 시도할 수 있는 '초간단 아이디어 발상법'이다.

특징 3 혼자 혹은 1,000명, 심지어 인터넷으로도 할 수 있는 자유 발상법

브레인라이팅은 6명이 참가하는 것이 기본이지만, 혼자서도 얼마든지 가능하다. 타이머를 준비해서 발상 시간을 정해 테마(주제) 시트에 발상을 기입하기만 하면 된다. 브레인라이팅은 생각하는 시간과 이를 검토하여 반추하는 시간을 나누어서 실시하는 것이므로 혼자서도 얼마든지 변화를 주어 시도할 수 있다.

한편 브레인라이팅은 '1,000명이 모인 대집단에서도 가능'하다. 참가자들에게 시트를 나누어주고 각자 아이디어를 적은 다음 옆 사람에게 돌리면 되기 때문에 사전에 어떻게 돌릴지 미리 생각해두기만 하면 된다.

브레인라이팅의 또 다른 이점은 참가자들이 모두 한곳에 모이지 않아도 가능하다는 것이다. 브레인라이팅 시트를 이메일로 돌리는 것으로 'e-브레인라이팅'이 가능하다. 원거리 사람들에게 사전에 방법을 알려주면 '원격 브레인라이팅'이 되는 것이다. 혹은 화상회의로 상대측과 이

쪽이 순서대로 발상하는 '화상회의 브레인라이팅'도 가능하다.

이처럼 브레인라이팅은 언제 어디서든지 바로, 그리고 간단히 실행할 수 있는 발상기법이다. 우선 이 책에서 브레인라이팅이라는 기법을 충분히 숙지해두도록 하자. 그리고 브레인라이팅을 통해 나온 발상들을 정리하는 블록 기법 등의 관련 기법들을 이해한 뒤 브레인라이팅을 '나의 기법'으로 확실하게 만들자.

Chapter3 **탁상공론이 사라지고 분명한 성과가 남는다**

Chapter 6 '유추 발상 전략'으로 문제 해결의 힌트를 찾아내라

Chapter 9 사고의 흐름을 명쾌하게 정리하는 계열형 전략

PR 1
쉽고 획기적인 문제 해결의 기술, 브레인라이팅

브레인라이팅이란 어떤 기법인지 분명하게 이해하도록 하자. 브레인라이팅은 독일에서 고안된 매우 간단하면서도 대량으로 아이디어를 얻을 수 있는 훌륭한 아이디어 발상법이다. 이 기법을 잘 활용할 수 있도록 우선 브레인라이팅이 무엇인지 알아보자.

CHAPTER 1

종이에 쓰면
막힌 생각이 술술 풀린다

먼저 브레인라이팅이 무엇인지를 알아보자.

브레인라이팅은 소란스러운 분위기에서 실시되는 브레인스토밍과는 반대로

침묵하면서 집단적으로 아이디어를 내는 매우 독창적인 기법이다.

그 노하우와 기본 진행 방식을 머릿속에 그려보자.

1시간에 1,000개의
아이디어가 쏟아진다

     ⊕   '브레인라이팅'이란 말을 처음 듣는 사람들이 많을 것이다. 그러나 이 아이디어 회의 기법은 매우 간단하고 편리하기 때문에 누구나 도전할 수 있다.

브레인라이팅을 활용하면 짧은 회의시간에도 대량의 아이디어를 뽑아낼 수 있다. 기본 방식을 통해 20분 만에 108개의 아이디어가 나올 수 있으며, 경우에 따라서는 한 시간에 1,000개 이상의 아이디어 발상도 가능하다.

모든 업종과 직종이 참신한 아이디어에 목말라 있다. 오늘날과 같은 스피드 시대에는 단시간에 대량의 아이디어를 내는 것이 중요하다. 내가 이름 붙인 '1/300 법칙'에 따르면, 아이디어가 300개 있어도 이중 쓸 수 있는 것은 고작 하나다. 즉 1,000개의 아이디어가 있어도 실제로 쓸모 있는 것은 3개 정도다. 따라서 진정한 아이디어를 원한다면 중지를 모아 대량의 아이디어를 짜내지 않으면 안 된다.

대량의 아이디어를 발상하는 데는 브레인라이팅이 매우 효과적인 기법이 될 수 있다. 그 진행 방식을 알아보자.

문제를 해결하는 마법의 숫자 '6·3·5'

브레인라이팅은 독일에서 처음 소개된 아이디어 회의 기법이다. 먼저 브레인라이팅 전용 시트(도표 1–1)로 A4용지를 준비한다. 각자 이 브레인라이팅 시트를 한 장씩 받아 조용히 5분간 A, B, C 옆으로 3개의 아이디어를 적는다. 그런 다음 시트를 참가자들과 돌려 읽으면서 다른 사람의 아이디어에서 힌트를 얻어 자신의 발상을 넓히는 것이다. 브레인라이팅은 원래 '6·3·5법'이라 불렸다. '6·3·5'는 브레인라이팅을 진행하는 데 중요한 세 가지 포인트를 의미한다.

6·3·5법이란

• 6: 참가자는 원칙적으로 6명으로 제한하는 것이 좋다.
• 3: 한 라운드에 각자 3개의 아이디어를 써낸다.
• 5: 한 라운드를 끝내는 시간은 5분으로 제한한다.

5분이 지나면 1라운드는 종료된다. 참가자 전원이 각자의 시트를 왼쪽 사람에게 넘기고, 오른쪽 사람으로부터 다른 시트를 받으면 다시 2라운

주제 〈   〉

	A	B	C
1			
2			
3			
4			
5			
6			

드가 시작된다. 이렇게 해서 전원이 빙글빙글 시트를 돌려 6라운드까지 발상을 전개하면 아이디어 회의가 모두 종료된다(도표 1-2).

즉 6명 전원이 침묵하면서 아이디어를 내는 것이 브레인라이팅의 기본이다. 매우 쉽고 간단하지 않은가?

종이에 쓰면 막힌 생각이 술술 풀린다

브레인라이팅은 이렇게 시종 침묵 속에 각자 발상을 자유롭게 하면서 아이디어 회의를 하는 기법이다. 그동안 회의에서는 제각기 목소리를 내어 아이디어를 발표하는 것이 보통인데, 이와는 정반대의 기법이라고 할 수 있다.

브레인라이팅의 가장 중요한 포인트는 '침묵의 회의'라는 것이다. 참가자는 구두 발표를 하는 대신 침묵한 채 종이에 아이디어를 적는다.

실제로 아이디어 회의라는 것은 한 사람 한 사람의 발상이 축적되어 성립하는 것이다. 그런데 사람들은 평소 좋은 생각이 떠오르면 노트나 종이에 기록하는 습관이 있다. 브레인라이팅은 바로 여기에서 힌트를 얻은 것이다.

언젠가 나는 중국의 창조학회 강연회에서 브레인라이팅의 데모 연습을 해보았다. 그런데 강연 후 기술 분야 출신 한 명이 나를 찾아와서는 이렇게 말했다. "이것은 우리 기술자들에게 유용한 방법이네요. 기술자들은 영업하는 사람에 비해 말주변이 없어서 자기 의견을 많은 사람들 앞에서 잘 풀어내지 못합니다. 하지만 브레인라이팅이라면 그런 문제가 없겠어요." 중국인뿐만 아니라 우리 기술자들도 자주 그런 말을 해왔던 터라 쉽게 공감할 수 있었다.

브레인라이팅은 종래의 아이디어 회의법에 비해 우리에게 매우 적합하다. 침묵회의는 기술자들뿐만 아니라 낯을 가리고 남들 앞에서 자기 의견을 펼치는 데 서툰 사람들에게 매우 유용하다.

이 기법을 내게 소개해준 독일의 창조 연구자 호스트 게슈카 박사에게 '독일에서 브레인라이팅이 고안된 특별한 이유가 있는지'를 물어본 적이 있다. 그랬더니 그는 "독일인들은 대개 과묵한 성격이라 미국인들처럼 똑 부러지게 자기주장을 하지 못한다"고 대답했다.

독일의 비어홀 같은 데서 느낄 수 있는 활기를 떠올린다면 도저히 상상하기 어렵지만, 실제로 내가 아는 독일인들은 내성적이고 과묵한 타입이 많아서 고개를 끄덕였다.

시트의 칸은 3×6cm가 적당

브레인라이팅의 10가지 장점

브레인라이팅의 장점은 이뿐만이 아니다. 대략 다음과 같은 열 가지 장점을 꼽아볼 수 있다.

장점 1 전원이 평등하게 발상할 수 있다

브레인라이팅은 참가자 전원이 평등하게 아이디어를 발상할 수 있다.

보통 회의에서는 말을 많이 하는 사람과 거의 말을 하지 않는 사람으로 나뉘어 발언이 몇 사람에게 치우치는 경향이 있다. 하지만 브레인라이팅은 발상 시간이 전원에게 균등하게 주어지므로 이 같은 문제를 걱정하지 않아도 된다.

장점 2 지위나 입장이 달라도 눈치 보지 않고 발표할 수 있다

회의는 참석자 모두가 골고루 발언하는 것이 원칙이다. 그러나 실제로는 그렇지 않다. 상사가 자신만만하게 자신의 의사를 피력하면 부하직원들은 그것과 다른 의견을 내놓기 힘들다.

브레인라이팅은 지위와 상관없이 발상 시간이 똑같이 주어지므로 평등한 아이디어 회의가 될 수 있다. 지위나 입장 차이를 충분히 극복할 수 있는 것이다. 그리고 지위와 상관없이 전원이 평등하게 아이디어를 발표할 수 있으며, 서로의 아이디어에 자극을 줄 수 있다.

장점 3 처음 만나는 사람들과도 얼마든지 가능하다

처음 만나는 사람들은 동료의식이 생기기까지 어느 정도 시간이 필요하다. 소위 아이스 브레이크(ice break)라고 하는 기간이다. 그러나 브레인라이팅은 규칙만 알면 바로 회의를 시작할 수 있다. 더 나아가 브레인라이팅을 아이스 브레이크의 도구로도 활용할 수 있다. 정식 팀을 만들 여유 없어 바로 본론으로 들어가 아이디어 회의를 해야 하는 경우 브레인라이팅이 매우 효과적이다.

장점 4 다른 사람의 발언으로 사고가 방해받는 것을 막아준다

침묵회의가 좋은 점은 타인의 발언으로 생각이 끊기거나 방해받는 것을 막을 수 있다는 것이다. 보통의 회의에서는 '아, 생각났다!' 하는 순간 다른 사람의 발언 때문에 깜빡 잊어버리는 경우가 종종 있다. 브레인라이팅은 침묵회의이므로 이 같은 문제를 완전히 차단할 수 있다.

장점 5 정확한 기록을 남길 수 있다

보통 회의에서는 사회자나 서기가 발언을 적는다. 이때 발언 내용과 기록 내용이 미묘하게 차이 나는 경우가 많다. 그러나 브레인라이팅은 본인이 직접 아이디어를 시트에 적기 때문에 뉘앙스가 달라질 우려가 없다.

장점 6 혼자서도 할 수 있다

브레인라이팅은 혼자서도 얼마든지 할 수 있다. 타이머 등을 준비하여 시간을 정하고, 시트 위에서 아래로 순서대로 적으면 된다. 이렇게 하면 생각하는 시간과 다시 돌아보는 시간을 나눌 수 있고 혼자서도 변화를 주어 아이디어 발상이 가능하다.

장점 7 몇 천 명이 있어도 가능하다

브레인라이팅은 몇 백 명이 모인 집단에서도 실시할 수 있다. 각자 시트를 나누고 이를 참가자끼리 빙글빙글 돌리면 되기 때문이다. 돌리는 방식만 생각해두면 몇 천 명이 있어도 문제가 없다.

장점 8 시간 관리를 완벽하게 할 수 있다

발상 시간은 얼마든지 조정 가능하다. 각 라운드의 발상 시간을 늘리거나 줄일 수 있기 때문이다. 또 오래 발상을 하고 싶다면 브레인라이팅 시트의 가로세로 칸의 수를 늘리면 되고, 짧게 하고 싶다면 줄이면 된다.

이처럼 발상 시간이 정해져 있으므로 아이디어 회의의 시간 관리가 완벽하다. 보통 회의에서는 말이 많은 사람이 지루하게 말을 계속해서 예정 시간을 훌쩍 넘기는 일이 다반사인데 브레인라이팅에서는 이와 같은 문제가 깔끔히 해결된다.

장점 9 구성원 전원이 참여한다

보통의 회의에서는 참가자 전원이 진지하게 머리를 짜내지는 않는다. 회의 중에 멍하니 있거나 심지어 꾸벅꾸벅 조는 사람도 있다. 브레인라이팅은 모두가 강제적으로 아이디어를 적어야 하므로 눈속임을 하거나 시간만 때우며 대충 넘어갈 수 없다. 모두의 발상을 뽑아내는 데 발군의 효과가 있다.

장점 10 한자리에 모이지 않고 인터넷으로도 가능하다

브레인라이팅은 회의 참가자들이 모두 한곳에 모이지 않아도 얼마든지 가능하다. 브레인라이팅 시트를 메일로 참가자들에게 순서대로 돌리면 'e-브레인라이팅' 이 된다. 또한 화상회의로 상대측과 이쪽이 순서대로 발상을 하는 '화상회의 브레인라이팅' 도 실시할 수 있다. 브레인라이팅은 장소에 구애받지 않기 때문에 매우 유연하고 활동 범위가 넓다.

　이처럼 브레인라이팅은 아이디어 회의를 혁명적으로 바꾸는 기법이라고 할 수 있다.

선진 기업들은 20년 전부터
브레인라이팅을 선택했다

아이디어 회의 기법 가운데는 브레인스토밍이 가장 유명하다. 내가 브레인스토밍을 처음 접한 것은 지금으로부터 40여 년 전인 대학생 시절이었다. 그리고 브레인라이팅을 알게 된 것은 25년 전이다.

브레인스토밍의 치명적 한계

아직 대학생이었던 1963년, 나는 창조성을 연구하는 '일본 창조성협회'라는 연구단체에 가입하였다. 일본에서 최초로 창조성을 연구하는 단체로, 도쿄 내 주요 대학 학생 약 200명이 활동하고 있었다. 매년 연구대회를 개최하고 논문을 내고, 매주 뉴스레터를 발행했다. 나아가 학생 신분으로는 주제넘게 기업인들을 대상으로 창조성 교육까지 실시했다.

나는 대학 3학년 때 협회 위원장으로 선출되었는데, 이것을 계기로 창조성 연구와 교육을 일생의 업으로 삼게 되었다. 그 후 다양한 아이디어 회의 기법을 만나게 되었다. 그중에서도 가장 강렬한 인상을 받았던 것이 바로 브레인스토밍이다. 브레인스토밍에 대해서는 뒤에 자세히 설명하겠지만, 이 기법의 포인트는 다른 사람의 의견에 절대 반론을 제기해서는 안 된다는 '비판 금지'의 룰이다. 아이디어 회의라고 하면 떠들썩하게 다른 사람들의 의견에 반론을 제기하면서 진행하는 것을 당연하게 여겼던 나에게 그것은 신선한 충격이었다.

아이디어 회의에서 비판 금지의 룰을 적용하자 실제로 채 1시간도 안 되어 100개 정도의 아이디어가 쏟아졌다. 그것을 보고 '대단해!' 하고 감탄했던 기억이 지금까지 선명하다.

그 후 브레인스토밍을 CF송 작사, 라디오 콘티 작성, TV 예능 프로그램 문제 출제 등 수많은 방송작가 업무에 활용해왔다. 또한 브레인스토밍은 상품, 네이밍, 마케팅 등 각종 개발 업무를 수행하는 데도 위력을 발휘했다.

더불어 카드 브레인스토밍을 개발하는 등 이 기법의 개량에도 힘을 썼다. 브레인스토밍을 '아이디어 회의 기법의 어머니'라고 이름 붙이고 아이디어 회의 기법 중에서도 가장 으뜸이라고 생각하고 있다.

세계적인 창조학자들의 선택은 브레인라이팅

내가 브레인라이팅을 알게 된 것은 1980년대 세계 창조학자들과 교류를 하던 중 독일의 게슈카 박사를 통해서였다.

1980년대, 나는 서구 창조학자들의 국내 강연을 다수 기획하였다.

1983년에는 미국의 창조심리학자로 조지아 대학 교수인 폴 트랜스 박사의 강연회를, 1985년에는 미국 창조교육재단 이사장이자 뉴욕 주립대학 교수인 시드니 팬즈 박사의 강연을 개최했다. 팬즈 박사는 브레인스토밍의 창시자인 알렉스 오즈번 박사의 수석 제자이며, 창조교육재단은 오즈번 박사가 창립한 세계 최고의 창조성 연구단체다. 1986년에는 '수평 사고(기존의 틀에 얽매이지 않고 시점을 다양하게 바꾸어 문제 해결을 꾀하는 사고 방법-옮긴이)'의 창시자인 옥스퍼드 대학의 에드워드 드 보노 교수의 강연회도 주최하였다. 이들 세계 창조성 연구의 대가들과는 지금까지도 지속적으로 교류하고 있다.

게슈카 박사와도 이 시절에 친분을 맺었다. 그는 당시 독일의 바텔 연구소 주임연구원으로 일하고 있었는데 유럽의 대표적인 창조성 연구자였다. 그의 연구 리포트를 통해 브레인라이팅에 대해서 알게 되었고 그 뒤 유럽을 방문했을 때 직접 만나 상세한 설명을 들었다. 그의 일본 내 강연 준비를 도왔고 한국에서 열린 창조성 대회에 초청받았을 때, 그리고 그가 유럽에서 주최한 창조성 대회에 일본 대표로 참가하면서 시시때때로 만나 오늘날까지 지속적으로 교류하고 있다.

나는 이 브레인라이팅을 1984년에 출간되어 베스트셀러가 되었던 나의 저서 《문제 해결 기법의 지식》에서 처음으로 소개하였다. 일본에서 브레인라이팅을 소개한 것은 이 책이 처음일 것이다.

나는 그 후 일본뿐만 아니라 한국, 중국 등 아시아 각국에 브레인라이팅을 알려왔다.

브레인라이팅은 브레인스토밍의 업그레이드 버전

브레인라이팅은 독일의 호리겔이 개발한 회의 기법이다. 호리겔은 형태분석법 연구자로 경영 컨설턴트이기도 하다.

그는 브레인스토밍에 몇 가지 문제점이 있다는 것을 발견했다.

첫째, 발언하는 사람과 발언하지 않는 사람이 극단적으로 나뉜다는 점이다. 둘째, 발언이 회의의 중심이 되므로 조용히 생각할 수가 없다는 점이다.

그는 이러한 단점을 개선하기 위해 브레인라이팅을 고안했다. 그리고 이것을 1968년에 시작된 독일 직업훈련 코스 '로바크'에서 처음 소개했다. 이후 독일 내에 급속도로 보급되었다. 브레인라이팅이 개발된 지 5년 후인 1973년에 보급률이 18퍼센트였던 것이, 12년 후인 1980년에는 62퍼센트까지 증가했다(도표 1-3). 현재는 더 많은 기업들이 활용하고 있는 것으로 보인다.

도표 1-3 독일의 창조 기법 인지율(바텔사 조사)

기법	1973년(73개사)	1980년(80개사)
브레인스토밍	80%	92%
형태분석법	39%	51%
브레인라이팅	18%	62%
시네틱스	25%	54%

게슈카 박사의 노력 덕분에 브레인라이팅은 유럽 외 지역과 미국에도 보급되었다. 미국 창조교육재단이 실시하는 창조성 연구개발 대회는 이 것을 폭넓게 활용하고 있다.

아시아 여러 지역에서는 나와 일본 창조학회 회원들이 중심이 되어 브 레인라이팅의 보급에 앞장서고 있다.

천재가 없어도
조직은 똑똑해질 수 있다

:
:

이제부터 브레인라이팅의 구체적인 진행 방식에 대해 알아보자. 브레인라이팅은 '무엇이 문제인지를 파악하려 할 때', '문제 해결 아이디어를 찾고 싶을 때' 등 새로운 발상이 필요한 경우에 실시하면 그 위력을 발휘한다.

여섯 사람에게 펜과 종이를 던져줘라

브레인라이팅은 '사전 준비, 리더의 해설, 본회의, 종료 후 정리'의 순서로 진행된다. 우선 사전 준비부터 시작해보자.

사전 준비

1 주제를 결정한다

먼저 주제를 정한다. 주제는 구체적으로 포인트를 잡아내는 것이 좋다. 예를 들면 '사내에서 커뮤니케이션을 향상시키려면'과 같은 주제는 너무 광범위해서 막연하다. '영업소에서 발견된 문제점이 본사에 원활하게 전달되지 않는 이유는 무엇인가?' 하는 식으로 구체적이어야 한다.

2 회의 참가자를 선정한다

참가자는 주제와 관련 있는 부서를 중심으로 선정한다. 그러나 발상을 넓히기 위해서는 관련이 없는 부서의 사람이라도 해결력이 있다면 적극적으로 참여시키는 것이 좋다. 이렇게 하여 폭넓은 발상을 기대할 수 있다. 인원수는 6명이 원칙이지만 브레인라이팅에서는 반드시 인원수를 제한할 필요가 없다. 그보다 더 많은 사람이 참가해도 된다.

3 리더를 정한다

리더를 한 명 정한다. 리더의 역할은 진행과 시간 체크다. 리더는 시간 관리를 위해 타이머를 준비하도록 한다. 브레인라이팅의 리더는 진행을 원활하게 하는 것이 주된 역할이지만 발상에도 참여할 수 있다.

4 테이블은 ㅁ자 형으로 한다

인원수가 8명 이내라면 책상을 ㅁ자 형으로 배치하고, 전원이 서로 얼굴을 볼 수 있도록 앉는 것이 좋다. 인원수가 많은 경우에는 ㅁ자 형을 고집할 필요는 없다. 그러나 브레인라이팅 시트를 어떻게 돌릴 것인가를 리더는 충분히 고려해두어야 한다.

1 주제를 발표하고 확인한다

리더는 화이트보드에 주제를 적고, 주제를 선택한 이유와 주제 배경 등을 설명한다. 그리고 참가자로부터 질문을 받는 등 전원이 모두 이해할 수 있도록 노력한다.

2 브레인라이팅 시트를 준비한다

리더는 도표 1-1(21쪽)과 같은 브레인라이팅 시트를 참가자 전원에게 나눠주고 각자 시트 맨 위에 주제를 기입하도록 한다. 직접 주제를 글로 옮겨봄으로써 주제를 이해하고, 발상하는 마음의 준비를 할 수 있다.

3 회의 진행 방식을 설명한다

리더는 회의 방식을 흐름에 따라 설명한다. 발상은 원칙적으로 6라운드이지만, 주제에 따라 조정할 수 있다. 또한 각 라운드 시간도 변경할 수 있다. 주제의 난이도나 참가자의 능력 등을 고려하여 2~6분 사이에서 정한다. 나의 경우는 통상 3분으로 진행한다.

1 타이머를 맞춘다

리더는 타이머를 준비하여 3분으로 맞춰놓는다.

2 제1라운드

제1라운드 3분간 참가자들은 각자 시트 첫줄에 3개의 아이디어를 기입한다. 주제에 따라 다르지만 기본적으로 주어, 술어가 들어가는 완결된 문장을 갖추는 것이 좋다. 이는 다른 사람이 읽었을 때 오해가 생기지 않도록 하기 위한 배려다.

3 시간이 되면 시트를 왼쪽 사람에게 건넨다

3분 후 제1라운드가 끝나면 참가자는 각자 시트를 왼쪽 사람에게 건넨다. 이때까지 아이디어를 다 쓰지 못했다면 재빨리 마무리한 뒤 시트를 건네도록 한다. 또한 아이디어를 3개 다 쓰지 못했더라도 시간이 되면 일단 왼쪽 사람에게 넘기는 것을 원칙으로 한다.

4 제2라운드

제2라운드도 제한 시간은 3분이다. 오른쪽 사람에게 받은 시트의 아랫줄에 자신의 아이디어를 기입한다. 이때 각자 받은 시트의 첫 행에 적힌 오른쪽 사람의 아이디어를 잘 읽고 그 내용에서 더 발전시킬 것은 없는지, 더 구체적으로 덧붙일 것은 없는지 등 새롭게 아이디어를 발상하여 기입한다.

물론 첫째 줄의 아이디어와 무관해도 상관없다. 더 좋은 아이디어가 떠올랐다면 자유롭게 기입한다. 단, 위의 아이디어와 똑같은 것을 적어서는 안 된다.

5 시간이 되면 시트를 왼쪽 사람에게 넘긴다

제2라운드가 종료되면 신속히 시트를 왼쪽 사람에게 넘긴다.

6 제3라운드

아이디어 기입 방법은 제2라운드와 동일하다. 이번에는 시트의 셋째 줄에 기입한다.

7 이하 반복한다

제3라운드 이후에도 똑같이 반복한다.

진행할 때 주의할 점

진행할 때 주의해야 할 점을 몇 가지 알아두자.

- 아이디어를 빨리 쓴 사람은 이전 라운드에서 공란으로 남아 있는 칸에 자신의 아이디어를 적어도 상관없다.
- 후반 라운드에 접어들수록 다른 사람이 적은 아이디어를 읽을 시간이 필요하므로 라운드당 시간을 조금 늘리는 것이 좋다. 예를 들면 4라운드부터는 4분으로 시간을 늘린다.

• 각 라운드 시간을 정하지 않고 기입이 끝나면 바로 왼쪽 사람에게 시트를 넘기는 방법도 있다. 이를 '프레셔(pressure) 방식'이라 부르는데, 중압감 때문에 필사적으로 기입하게 되는 효과가 있다. 브레인라이팅에 익숙해지면 이 방법이 효과적이다.

브레인라이팅의 진행 방법은 위와 같다. 1라운드당 3분으로 정할 경우 전체 6라운드를 끝내는 데는 총 18분이 걸린다. 단시간이지만 전원이 모든 칸에 기입했을 경우 6인× 3개 아이디어× 6라운드＝108개 아이디어가 된다. 약 20분 만에 108개의 아이디어가 탄생한 것이다(도표 1–4).

도표 1-4 브레인라이팅의 실례 ❶

주제 〈 새로운 돔 구장의 네이밍 〉

	A	B	C
1	뉴돔	스페이스타운	스페시아
2	돔돔	스카이시티	빅베이스
3	수도(首都)	돔스카이스페이스	그돔
4	이스트돔	월드스페이스	도쿄타운
5	빅돔	하프에그	슈퍼타운
6	일본돔	빅에그	월드타운

종료 후 정리

브레인라이팅이 종료되면 기본적으로는 이들 아이디어를 전원이 평가하고 정리한다. 상세한 내용은 3부에 언급하겠지만, 크게 두 가지 정리 방법이 있다.

1 바로 아이디어를 평가하는 방식

바로 결론을 내고 싶을 때는 각자 앞에 남아 있는 시트에서 좋다고 생각되는 아이디어를 2~3개 선택하여 최종 아이디어를 결정한다.

2 아이디어를 정리하는 방식

아이디어를 정리할 시간이 있을 때는 각 시트를 칸대로 잘라서 이를 카드라 생각하여 정리하면서 아이디어를 골라낸다.

혹은 각 시트에서 좋은 아이디어를 몇 개 뽑아낸 다음 이들을 분담해서 카드 형식으로 기입하여 정리할 수도 있다.

CHAPTER 2

침묵만 흐르던
회의가 확 달라진다

브레인라이팅은 아이디어 발상이나 문제점 찾기를 위한 기법이다.
발상을 하는 데는 다섯 가지 기본 룰이 있다. 우선 이들 룰을 머릿속에 확실히 새겨두자.
브레인라이팅은 혼자서든 1,000명이 모인 회의에서든,
심지어 인터넷이나 화상회의에서도 활용할 수 있는 만능의 아이디어 회의법이다.

브레인라이팅을 지배하는
두 개의 사고방식

창조적인 회의가 되기 위해서는 몇 가지 룰을 지켜야 한다. 이를 아는 것과 모르는 것은 회의 생산성 면에서 큰 차이가 있다. 그 다섯 가지 룰에 대해 알아보자.

창조적 발상의 기본은 '발산 사고'와 '수속 사고'

브레인라이팅은 창조적인 회의를 할 때에 이용되는 기법이다. 창조적인 회의는 창조적인 문제 해결 단계에 맞춰서 이루어진다. 이를 다음과 같이 6단계로 정리할 수 있다.

창조적인 문제 해결의 6단계

1 문제 제기 단계

2 문제 파악 단계

3 과제 설정 단계

4 과제 해결 단계

5 종합 평가 단계

6 해결 행동 단계

각 단계에서 우리는 두 가지 사고를 사용한다. 그런데 이 6단계 중에서 시간이 가장 많이 걸리는 것이 2단계의 '문제 파악'과 4단계의 '과제 해결'일 것이다. 그렇다면 이 두 단계는 각기 어떤 사고력이 이용될까?

문제 파악 단계에서는 문제에 관련된 사실이나 원인이 무엇인가를 나열하는 사고, 즉 발산 사고(發散思考, divergent thinking)와, 사실이나 원인을 분석하고 나열된 사실이나 원인 중에서 무엇이 진짜 문제점인가를 찾아내는 사고인 수속 사고(收束思考, convergent thinking)를 하게 된다.

또한 문제 해결 단계에서는 문제 해결 아이디어 자체를 도출해내는 사고, 즉 발산 사고가 가장 먼저 이루어지고, 다음으로 이들 아이디어가 문제 해결 아이디어로써 이용될 수 있는지를 평가하고 종합하는 수속 사고가 이루어진다.

이처럼 두 단계 모두 발산 사고와 수속 사고가 작용한다. 그렇다면 이 두 사고의 차이를 생각해보도록 하자.

발산 사고와 수속 사고란 무엇인가?

발산 사고와 수속 사고란 무엇인지 알아보자. 이들 두 용어는 지능 연구에서 나온 것이다.

미국의 저명한 심리학자 J. P. 길포드(J. P. Guilford)는 인간의 지능은 정보 '내용'을 '조작'하여 '소산'을 도출해내는 것이라고 생각했다. 즉 지능은 시각이나 청각을 통해 들어온 정보 '내용'을 기초로 인지나 사고 등의 '조작'을 통해 단위나 수 등과 같은 '소산'을 도출한다는 것이다. 여기서 '조작'은 '두뇌 기능'인 셈인데, 길포드는 이를 다섯 가지로 나누었다 (도표 2-1).

두뇌의 다섯 가지 기능

1 인지

2 기억

3 발산적 사고

4 수속적 사고

5 평가

우선 '인지'란 감각기관으로 인지하는 것을 말한다. '기억'은 인지된 것을 보관해두는 것이다. 이들은 두뇌 정보수집 기능이라고 말할 수 있다.

그다음에 이 '기억' 등을 기초로 우리의 뇌는 정보처리를 한다. 정보처

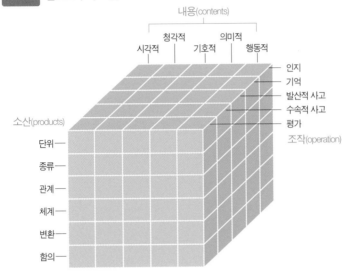

리란 기억하고 있는 정보나 외부에 있는 정보를 근거로 새로운 정보를 만들어내는 것을 말한다. 이들은 발산적 사고, 수속적 사고, 평가와 같은 세가지 사고로 이루어진다.

발산적 사고란 시행착오적인 사고가 행해질 때 작용하여 이슈에 대해다양한 문제점이나 해결책을 이끌어내는 사고다.

한편 수속적 사고란 올바른 해답을 만들어내는 작용을 하는 것이다. 즉중요한 문제점이나 해결책을 정리하는 사고다.

평가란 기억하고 있는 것이나 사고에 의해 만들어진 것이 올바른지, 좋은지, 적합한지 등을 판단하며 결정하는 작용을 말한다.

'발산 사고'와 '수속 사고'를 명확하게 나눠라

이처럼 우리는 창조적인 문제 해결을 할 때 반드시 발산적 사고와 수속적 사고, 평가의 단계를 거친다.

그런데 '평가'는 적당한 해답을 찾아내는 사고, 즉 수속 사고를 행하는 과정에서 이용되는 경우가 많으므로, 결국 사고라고 하는 것은 크게 발산 사고와 수속 사고, 두 종류로 나뉘는 셈이다.

이 두 가지 사고 중 발산 사고는 생각을 확대하는 방식이고, 수속 사고는 집중하는 사고로, 두뇌 작용이 완전히 다른 벡터로 작용한다. 우리는 사고할 때 흔히 이 두 가지 사고방식을 구별하지 않고 뒤죽박죽 사용한다. 한 가지 아이디어가 나오면 바로 이어서 해결하려 한다든지, 역으로 '이 아이디어는 쓸모없다'고 판단하여 가차 없이 버린다. 빠른 해결을 원하거나 문제를 재빨리 처리하길 원하기 때문일 것이다.

그러나 문제 해결에서는 이 두 가지 사고법을 분명히 나누어서 사용하는 것이 중요하다. 즉 발산 시에는 발산 사고만, 수속 시에는 수속 사고만 해야 한다.

예를 들어 회사 안내에 관한 기획을 짠다고 하자. 통상의 사고법으로는 우선 "사장의 얼굴 사진을 넣자"는 안을 냈다가 바로 "아냐, 그건 너무 흔해", "다른 것은 없을까?" 하는 식으로 곧바로 평가를 내린다. 이는 발산 사고와 수속 사고를 짧은 사이클로 반복한 것이다. 나는 이런 사고방식을 '외줄낚시 사고'라고 부른다.

낚싯줄에 미끼를 하나만 달고 낚싯줄을 드리운 다음 물고기가 올라오

길 기다리는 것이다. 그러나 이 외줄낚시 방식으로는 대어를 낚기가 힘들고, 여러 물고기를 한꺼번에 낚아 올릴 수도 없다. 한편 지인망은 일망타진에, 다양한 물고기를 끌어올릴 수 있으므로 대어를 낚을 가능성도 높다. 물고기의 대량 포획이라면 자원 보호 차원에서 문제가 되겠지만, 아이디어 발상이라면 걱정할 필요가 없다.

아이디어 발상에서는 외줄낚시 방식처럼 하나하나 점검하기보다는 '지인망 방식'으로 일거에 망을 내렸다가 모두 끌어올린 후 불필요한 고기는 바다에 돌려보내는 방식이 좋다. 아이디어 발상은 대량으로 하고, 그중 필요한 아이디어만 남기는 것이다.

지인망 방식에서는 발산은 발산, 수속은 수속으로 엄밀하게 나누며 제시된 아이디어를 바로 평가하지 않는다. 섣부른 총질이라도 일단 여러 발을 쏘아서 맞힌 다음 나중에 천천히 좋은 아이디어인지 아닌지를 평가하고 골라내는 것이다. 이렇게 하면 우연히 얻은 아이디어에서 연상적으로 범위를 넓혀 생각이 연달아 터져나올 가능성이 있다. 이때는 마치 천재가 된 듯한 기분이 된다. 이처럼 낙천적으로 아이디어를 쑥쑥 뽑아내는 것이 포인트다. 지인망과 같이 우선은 대량 포획을 목표로 하자.

해녀는 바다에 잠수하면 숨이 계속되는 한, 손에 잡히는 대로 대합이나 굴 등을 딴다고 한다. 그리고 이를 배 위에 올린 뒤에 천천히 선별하여 작은 조개 등은 다시 바다에 돌려보낸다. 지인망 방식과 비슷하다.

외줄낚시 방식은 자기가 낸 아이디어를 바로 평가하는 것이므로 정신적으로도 좋지 않다. 이것도 안 돼, 저것도 안 돼 하다 보면 어느새 기가 죽어 '아, 나는 아무래도 바보인가 봐' 하는 생각이 든다.

창조적인 문제 해결의 비결은 '발산 사고'와 '수속 사고'를 명확하게 나누는 것임을 잊지 말자.

반드시 지켜야 할 '발산 사고의 다섯 가지 룰'

발산 사고를 할 때 반드시 지켜야 하는 룰이 있다. 다음과 같은 '발산 사고의 다섯 가지 룰'이다.

발산 사고의 다섯 가지 룰

1 판단 연기

2 자유분방

3 대량 발상

4 다각 발상

5 결합 발전

이는 뒤에 소개하는 브레인스토밍의 네 가지 룰, 즉 판단 연기, 자유분방, 질보다 양, 결합 개선에 다각 발상을 더한 것이다. 또한 문장 표현은 가급적 기본형에 가깝게 하며, 그 속에 자신의 생각을 녹여낸다.

우선 '판단 연기'에 대해 살펴보자. 이는 발상할 때는 좋고 나쁨에 대한 판단을 일절 하지 않는다는 룰이다. 발산 사고와 수속 사고를 나누는 것과 같은 의미다.

'자유분방' 은 어떤 발상이라도 가능하고 인정된다는 것이다. 훌륭한 발상은 때로 기상천외한 발상으로 통한다. 기상천외한 발상은 '엉터리, 뒤죽박죽, 무책임한 발상' 도 좋다는 룰이 있을 때 나올 수 있다. 고정관념에서 벗어나지 못하는 사람은 아무래도 모나지 않고 무난한 대답만을 가려서 하기 때문이다.

'대량 발상' 이란 무조건 아이디어를 많이 낸다는 의미다. 우리 회사는 일본에서도 유명한 네이밍 회사로 손꼽힌다. 단 한 번의 회의에서 1,000개 이상의 아이디어가 쏟아지는 일이 흔하다. 그러나 1,000개의 아이디어 중 실제로 사용할 수 있는 것은 3개 정도뿐이다. 대개 300개당 1개 꼴이다.

나는 이것을 '1/300 법칙' 이라 부른다. 따라서 우선은 대량 발상이 이루어져야 한다는 게 포인트다.

'다각 발상' 이란 폭넓은 각도에서 생각하고 다양한 시야로 발상하는 것을 의미한다. 설령 대량으로 발상을 하더라도 좁은 시각을 벗어나지 못한다면 좋은 아이디어를 뽑아낼 수가 없다. '우유병의 사용 방법' 이라는 주제를 제시해 아이디어를 모았더니 3분 만에 20개나 나왔다. 그러나 아쉽게도 "컵으로 이용한다", "화병으로 쓴다", "모래를 넣어 화분으로 이용한다" 등 '용기' 로서의 활용을 벗어나지 못하는 경우가 많았다. 이는 발상이 풍부하다고 할 수 없다. 특히 화병은 80퍼센트 가까운 사람들이 대답할 수 있는 가장 기본적인 대답이다. 이처럼 좁은 발상밖에 하지 못한다면 곤란하다. 다각 발상이 얼마나 중요한지 누구나 이해할 수 있을 것이다.

마지막으로 '결합 발전'은 이전의 발상이나 타인의 발상에서 힌트를 얻어 발상하는 것이다. 다른 발상에 자신의 발상을 조합하는 것이다. 브레인스토밍의 룰은 '결합 개선'이지만, 나는 단순히 개선이 아니라 더욱 발전된 발상으로 연결시킨다는 점에서 '결합 발전'이라고 하였다.

나는 이 다섯 가지 룰의 유효성에 대해 연구한 적이 있다. 참가자들에게 아무것도 알려주지 않은 채 '우유병의 사용법'에 대해 발상하도록 했다. 그런 다음에 '발상 룰'을 가르쳐주고 이번에는 다른 문제, 예를 들면 '못쓰게 된 CD의 사용법' 등으로 새롭게 발상하도록 했다. 그러자 발상의 양과 폭이 룰을 알기 전보다 약 20퍼센트 향상되었다.

그러므로 아이디어 발산을 할 때는 반드시 이 룰을 인지하도록 하자. 특히 브레인라이팅을 할 때는 전원이 미리 숙지해두는 것이 좋다.

1명이든 1,000명이든
할 수 있는 브레인라이팅

:

브레인라이팅은 6명 정도의 인원이 하는 것이 기본이다. 그러나 이 기법의 장점은 혼자서든 1,000명의 대집단이든 규모와 상관없이 실시할 수 있다는 것이다. 먼저 한 사람이 할 때의 활용법을 알아보자.

1인 브레인라이팅 진행법

브레인라이팅은 혼자서도 할 수 있다. 단지 막연하게 아이디어를 생각하는 것보다 브레인라이팅을 하면 다음과 같은 이점이 있다.

- 쉽게 발상과 수속을 나눌 수 있다.
- 다각적으로 아이디어를 낼 수 있다.
- 단시간에 많은 아이디어를 낼 수 있다.

1인 브레인라이팅 실행 순서

1 브레인라이팅 시트를 준비한다

혼자서 브레인라이팅을 할 경우 1라운드, 2라운드를 반드시 지킬 필요는 없다. 브레인라이팅 시트의 발상란을 가로 4, 세로 6으로 해도 상관없다. 여기서는 가로 4, 세로 6의 시트를 이용한 케이스로 설명하겠다.

2 타이머를 맞춘다

1라운드에 4개의 아이디어를 기입하는 것이므로 아이디어 1개당 1분씩, 1라운드의 기본 시간을 4분으로 한다. 이를 위해 타이머를 4분으로 맞춘다.

3 주제를 기입한다

시트 상부에 발상 주제를 기입한다. 다시 언급하지만 무엇을 주제로 삼는가가 매우 중요하므로 주제를 미리 충분히 음미하도록 한다.

4 제1라운드

생각이 떠오르는 대로 시트 첫째 줄에 아이디어를 적는다. 아이디어 1개 적는 데 주어진 시간이 1분이라면 여유가 있으므로 되도록 구체적으로 아이디어를 적는다.

5 제2라운드

4분이 경과하여 타이머가 울리면 기입 도중이라도 재빨리 멈추고 제2라운드에 들어간다. 우선은 첫째 줄의 아이디어를 찬찬히 읽는다.

위 아이디어를 더 구체적으로 할 수 있는 아이디어나 뭔가 연관된 새로운 아이디어가 떠오르면 그 아래 기입한다. 물론 위 아이디어와 전혀 관계없는 아이디어도 기입한다. 이렇게 해서 빈칸을 채워간다.

6 제3라운드

제3라운드 이후에도 기본적으로는 제2라운드와 같은 방식으로 발상을 진행해간다.

7 제4라운드

후반이 되면 위 항목을 읽는 데 시간이 걸리므로 발상 시간을 늘리는 것이 좋다. 예를 들면 제4라운드 이후에는 1라운드당 5분으로 한다. 시간은 주제나 자신의 상황 등을 고려하여 적절하게 정한다.

8 이하 반복한다

같은 작업을 반복하여 마지막 라운드까지 가면 종료한다.

위의 예에서는 발상 시간은 총 24분, 발상 아이디어 수는 모두 적어 넣은 경우 24개가 된다. 이처럼 불과 20분 남짓한 시간에 24개의 아이디어가 생산된다.

나는 타이머를 사용하지 않고 4개를 쓰고는 시간에 관계없이 다음 라운드로 진행하는 방식을 택하기도 한다. 그러면 약 5분 만에 30개의 아이디어가 나온다. 익숙해지면 이 방식을 활용해도 좋다.

이처럼 브레인라이팅은 혼자서도 얼마든지 활용할 수 있다. 자신이 발상한 전 라운드의 아이디어를 읽으며 생각을 발전시켜 나간다. 시간을 정해 발산 사고와 수속 사고를 반복하여, 자신이 낸 아이디어를 일람해서 볼 수 있으므로 혼자서도 다각적이고 쉽게 아이디어를 얻어낼 수 있다.

도표 2-2는 '시골 빈집 이용법'이라는 주제로 한 사람이 브레인라이팅을 실시한 예다.

도표 2-2 브레인라이팅의 실례 2

주제 〈 시골 빈집 이용법 〉

	A	B	C	D
1	재난자를 위한 가설 주택	시골생활 체험 여행의 숙박지	연극이나 콘서트의 연습장	건물을 해체하여 목재를 연료로 쓴다
2	유학생을 위한 주택	외국인 여행자를 위한 저렴한 숙박지	미니 이벤트 장소	재난 영화 촬영에 활용
3	학생 공동생활	주거, 클럽 활동 합숙소로 대여	노래방이나 도예 등의 교실	회원제 별장으로 이용
4	전원생활을 원하는 도심 이주 가족을 위한 주택	기업 등에 연구시설로 대여	지역 고령자들을 위한 휴게실	지역 어린이들의 놀이 장소로 활용
5	슬로라이프를 즐길 수 있는 별장	옛집을 리뉴얼하여	자연체험학교 레스토랑으로	지역 민예품의 전시장으로 활용

1,000명 브레인라이팅 진행법

브레인라이팅을 6명이 실시한 경우 모든 칸에 아이디어가 기입되었다면 108개의 아이디어가 나온다. 그러면 인원수를 1,000명으로 늘리면 어떨까? 약 20분 만에 18,000개나 되나 되는 아이디어가 모인다.

사람들이 많이 모인 회의장에서 대량의 아이디어를 받아보자. 나는 100명 이상이 참석한 강연회에서 이 방법을 여러 번 실시했으며, 반응도 아주 좋았다. 강의실에서 300명의 대학생을 상대로 '대학의 지명도 향상을 위한 방법'이라는 주제를 제시해 브레인라이팅을 실시해보았고, 기업 강연회에서 1,000명 가까운 사람들에게 실시한 적도 있다. 이처럼 브레인라이팅은 소수에서 다수까지 다양하게 활용할 수 있는 기법이다.

한 공장에서는 '올해의 사원 여행 아이디어'를 약 100명이 내서 그 아이디어를 집계하여 독창적인 여행을 즐긴 예도 있다. 또 어느 회사에서는 수백 명의 조합원이 '올해의 운동 지침에 대한 지사별 행동 지침'을 주제로 15분간 브레인라이팅을 실시했는데, 종료 후 몇 명의 아이디어가 발표되어 대단한 호평을 얻었다.

그렇다면 집단적으로 브레인라이팅을 실시할 때 필요한 몇 가지 포인트를 알아두도록 하자.

다수 인원의 브레인라이팅 포인트

1 주제가 적힌 시트를 인원수대로 준비한다

우선 주제를 기입한 브레인라이팅 시트를 준비해두면 진행하기 한결 쉽다. 인원수가 많으면 전원이 주제를 기입하는 데도 상당한 시간이 소요되기 때문이다.

2 효율적으로 돌리는 방법을 생각해둔다

참가자가 100명 이상이 되는 경우에는 시트를 뒷자리에서 앞으로 돌리는 방법도 생각해둘 필요가 있다.

3 각 라운드의 발상 시간은 인원수에 따라 적절하게 조정한다

참가자 수가 많으면 발상하는 데 속도가 더딘 사람도 나오게 마련이다. 따라서 발상 시간은 보통 때보다 20퍼센트 정도 늘려 잡는 편이 좋다.

4 종료 직후 그 자리에서 좋은 아이디어를 발표시킨다

전체 라운드가 종료되면 시트를 참가자가 아닌 다른 사람에게 돌린다. 참가자가 고를 경우에는 공평하게 뽑아낼 수 없기 때문이다. 그리고 몇 명에게 아이디어를 선택하여 발표하도록 한다. 그러면 분위기가 상당히 뜨겁게 달아오를 수 있다.

이렇게 하여 다수가 참가하면서도 약 20분 만에 1,000개 이상의 아이디어를 뽑아낼 수 있다.

한자리에 모이지 않아도 가능한
'**e-브레인라이팅**'

:
:

➕ 브레인라이팅은 참가자 모두 한자리에 모이지 않아도 아이디어 회의가 가능하다. 브레인라이팅 시트를 이메일로 보내면서 발상하는 'e-브레인라이팅'을 활용하는 것이다.

또한 원거리에 있어도 방식을 서로 공유하면 '원격 브레인라이팅'이 가능하다. 화상회의에서도 활용할 수 있다.

e-브레인라이팅이란

아이디어가 필요한데, 구성원들이 전부 모이기 힘든 경우가 있다. 이럴 때는 e-브레인라이팅을 활용할 수 있다.

이메일로 브레인라이팅을 진행하는 방법을 알아보자. 우선 당신이 첫 번째 발상자가 되어 브레인라이팅 시트에 주제와 제1라운드의 아이디어를 기입하여 다음 사람에게 이메일로 보낸다. 이것을 받은 사람은 제2라운드의 아이디어를 기입한 후, 다시 다른 참가자에게 보낸다. 이렇게 하면 발안자에게 돌아올 때는 한 장의 브레인라이팅 시트가 완성되어 있을 것이다.

이 방식이 익숙해지면 몇 명의 동료가 동시에 e-브레인라이팅 시트를 적어 순서대로 돌릴 수도 있다.

e-브레인라이팅 진행 방법

e-브레인라이팅은 1회 주유형과 동시 주유형, 두 가지 방법이 있다.

1회 주유형 e-브레인라이팅 실시 순서

1 참가를 요청한다

발안자는 5명에게 e-브레인라이팅의 참가를 요청한다.

2 방법을 설명한다

발안자는 참가자에게 간단하게 e-브레인라이팅의 진행 방법과 이메일을 돌리는 순서, 참가자의 이메일 주소를 메일로 보낸다.

3 제1라운드

발안자는 첫 번째 발상자가 되어 주제와 제1라운드 아이디어를 e-브레인라이팅 시트에 기입한 다음 그 시트를 두 번째 발상자에게 이메일로 보낸다.

4 제2라운드

두 번째 발상자는 제1라운드의 아이디어를 참고하면서 시트의 제2라
운드에 아이디어를 기입한다. 기입이 끝나면 세 번째 발상자에게 시트를
이메일로 보낸다.

5 제3라운드 이후

이하 같은 방식으로 진행한다. 네 번째 이후의 발상자에게 시트를 이메
일로 보내 아이디어를 기입하도록 한다.

6 제6라운드 종료 후

여섯 번째 발상자는 완성 시트를 발안자인 첫 번째 발상자에게 보낸다.

1회 주유형은 위와 같은 방식으로 진행된다. 마지막에 첫 번째 발상자
에게 시트가 돌아오도록 하면 세 번째 발상자 이후는 누가 발상자가 되든
상관없다.

동시 주유형 e-브레인라이팅 실시 순서

1 참가를 요청한다

발안자는 5명의 동료들에게 e-브레인라이팅 참가를 요청한다.

2 방법을 설명한다

발안자는 동료들에게 간단한 e-브레인라이팅의 방법과 주제가 적힌 e-브레인라이팅 시트, 이메일 돌리는 순서, 참가자들의 이메일 주소를 알려준다.

3 제1라운드

참가자 전원이 첫 번째 발상자가 되어 시트 제1라운드에 아이디어를 기입한 후 그 시트를 각기 두 번째 발상자에게 이메일로 보낸다.

4 제2라운드 이후

이후는 제1주유형과 같다. 이렇게 하면 회의실에서 하는 브레인라이팅과 마찬가지로 단번에 대량의 아이디어를 모을 수 있다.

e-브레인라이팅의 완벽 활용법

e-브레인라이팅은 이와 같은 순서로 행해진다. 각 발상자는 약 20분 동안 집이나 사무실에서 편안히 참가할 수 있다.

보통 이메일이 정보 교환에 그치는 데 반해, e-브레인라이팅은 아이디어를 만들어내는 재미있는 체험이 될 수 있기 때문에 대개 즐겁게 참가한다.

익숙해지면 주제를 제1발상자마다 바꿔서 여섯 가지 주제를 동시에 실시할 수도 있다.

일단 숙지하게 되면 대단히 편리한 방법으로, 아이디어 발상을 좋아하는 사람들에게 특히 적당한 기법이다.

나 역시 신상품 발매나 네이밍 발상 등의 업무에 이를 자주 활용한다.

이미 검증된 우수 발상자들이 바쁜 시간을 쪼개 한자리에 모이지 않고도 훌륭한 아이디어 발상 회의를 할 수 있다. 여기에 빠른 속도로 진행된다는 점도 빼놓을 수 없는 매력이다.

원격 연수 프로그램이나 화상회의에도 문제없다

원격 브레인라이팅은 위성장치 등을 이용하는 원격 연수나 화상회의 등에 효과적으로 활용할 수 있다. 브레인스토밍도 가능하긴 하지만, 브레인스토밍은 시간 관리가 현장에서 따로 이뤄지므로 양쪽의 소통이 원활하지 못하다. 그러나 브레인라이팅이라면 시간 관리에도 문제없고 원거리라도 지시를 간단하게 할 수 있어서 간편하다.

원격 연수 프로그램의 브레인라이팅법

나는 위성 인터넷을 이용해 전국 각지 50개 회의장, 400명의 참가자를 대상으로 동시에 '회의 세미나'를 진행한 적이 있다.

이때 '회의 개선'이라는 주제로 모든 참가자들에게 브레인라이팅을 실시해 아이디어를 제출받았다. 당시 화상회의 설비를 갖춘 주요 5개 회의장에는 모니터가 있었지만, 나머지 45개 회의장에는 준비되지 않았다. 때문에 각지의 진행 상황을 거의 파악하기가 힘들었다. 그러나 브레인라이팅은 실행 시간을 내 쪽에서 조절할 수 있으므로 시간 관리에 큰 문제가 없었다.

발상회의 직후에는 각자 이를 평가하도록 하여 좋은 아이디어를 카드 형태로 만들어 제출받는다. 그 결과를 주요 5개 회의장에서는 위성으로 동시 중계하고, 다른 지역으로부터는 팩스로 보고받음으로써 원활하게 진행할 수 있었다.

화상회의 브레인라이팅법

화상회의에서도 원격 연수와 같은 방법으로 가능하다. 대개 화상회의는 두 곳에서 이루어지는 경우가 많으므로 주최자는 모니터를 보면서 정확하게 지시를 한다. 이를 위해 앞에 나온 연수 프로그램보다 좀 더 세밀하게 진행해야 한다. 이때 OHC(실물투영기)를 사용하면 브레인라이팅 시트를 볼 수 있으므로 두 곳에서 동시에 회의를 진행할 수 있다.

발상 후에는 아이디어를 선택하고 평가하는 데도 큰 문제가 없다.

이처럼 브레인라이팅을 이용하면 화상회의의 문제점으로 지적되는 거리감을 충분히 해소할 수 있다.

브레인라이팅은 모두 한자리에 모이지 않아도 아이디어 회의가 가능한 매우 편리한 기법이다. 원격회의나 인터넷 발상의 도구로도 활용해보길 바란다.

CHAPTER 3

탁상공론이 사라지고
분명한 성과가 남는다

처음부터 브레인라이팅에 카드(포스트잇)를 이용하면 나중에 정리할 때 대단한 위력을 발휘한다.
그래서 나는 '카드 브레인라이팅' 이라는 기법을 고안했다.
또한 아이디어를 발상할 때 키워드를 미리 알려주고 진행하는
'키워드 브레인라이팅' 이라는 기법도 개발했다.
이들을 활용하여 효과를 한층 더 높여보자.

아이디어,
발상보다 정리가 중요하다

⊕ 카드(포스트잇)를 브레인라이팅에 이용하면 아이디어들을 수집하고 정리하는 데 훨씬 편리하다.

카드를 활용하면 정리가 쉬워진다

나는 브레인라이팅을 여러 업무에 활용해왔다. 그런데 브레인라이팅이 종료된 후 정리 단계에 접어들면 귀찮은 문제가 생겼다. 일반적으로 브레인라이팅에서는 각각의 아이디어를 정리하고 분류하면서 아이디어를 옮겨 적어야 하기 때문이다.

그래서 브레인라이팅 시트의 각 난을 처음부터 카드식으로 하면 어떨까 해서 도표 3-1과 같이 카드 브레인라이팅 시트를 만들었다.

카드 브레인라이팅 시트는 A4용지를, 카드는 포스트잇(2.5 × 7.5cm)을

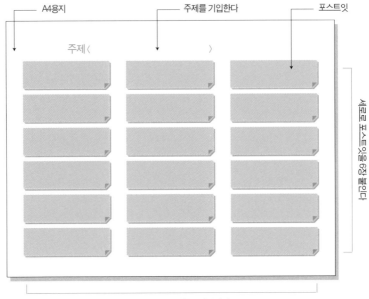

A4용지

주제를 기입한다

포스트잇

주제〈　　　　　　　〉

세로로 포스트잇을 6장 붙인다

가로로 포스트잇을 3장 붙인다

이용한다. A4용지를 세로로 길게 세우면 포스트잇을 가로 3장, 세로 6장 정도 붙일 수 있다. 이렇게 하면 일반적인 브레인라이팅 방식과 똑같이 작업을 할 수 있으며, 아이디어를 브레인라이팅 시트 대신 포스트잇에 기입하는 것이기 때문에 바로 정리 작업에 들어갈 수 있다.

B4용지를 이용하면 가로 4장, 세로 7장이 들어가고, A3용지에는 가로 5장, 세로 8장의 포스트잇을 붙일 수 있다. 주제에 따라 아이디어 수를 늘리고 싶다면 더 큰 용지를 사용하면 된다.

카드 브레인라이팅의 진행 방법

카드 브레인라이팅은 아이디어를 시트 대신 카드에 적는 것일 뿐이므로 기본적인 진행 방법은 같다(도표 3-2).

사전 준비

1 주제를 정한다

브레인라이팅과 마찬가지로 주제는 가능한 한 구체적으로 하자.

2 리더와 참가자를 정한다

참가자는 기본적으로 6명이지만, 인원수에 제한 없이 가능하다.

3 서로 얼굴을 마주 볼 수 있도록 자리 배치를 한다

참가자들끼리 서로 얼굴을 볼 수 있도록 책상을 ㅁ자 형으로 배치한다.

리더의 해설

1 각 참가자에게 카드 브레인라이팅 시트를 나눠준다

리더는 A4용지를 각 참가자들에게 배포한다. 그리고 각자에게 종이를 옆으로 돌려 위쪽에 주제를 기입할 수 있도록 3cm 정도 자리를 남겨둔 뒤, 포스트잇(2.5×7.5cm)을 세로로 6장, 가로로 3장씩 붙이도록 한다.

시간이 되면 시트를 왼쪽 사람에게 건넨다

2 주제를 발표하고 확인한다

리더는 주제를 화이트보드에 적어 참가자들에게 설명한다. 그리고 전원에게 각기 시트 위쪽에 주제를 기입하도록 한다.

본회의(6라운드, 각 3분간 실시한 경우)

1 타이머를 맞춘다

리더는 타이머를 준비하여 3분으로 맞춘다.

2 제1라운드

각자 3분간 아이디어 3개를 첫째 줄 포스트잇에 기입한다.

3 시간이 되면 시트를 왼쪽 사람에게 건넨다

3분 후 타이머가 울리면 참가자들은 시트를 왼쪽 사람에게 건넨다. 아직 정리가 되지 않은 사람은 재빨리 써서 옆사람에게 넘기도록 하자. 3개 아이디어를 다 쓰지 못했어도 그대로 넘긴다.

4 제2라운드

제2라운드에서도 3분 동안 3개의 아이디어를 둘째 줄에 기입한다. 이때 제1라운드에서 적은 첫째 줄의 아이디어를 읽고 거기에서 더 발전시킨다. 물론 새 아이디어를 적는 것은 상관없지만, 이미 나온 아이디어를 똑같이 적으면 안 된다.

5 시간이 되면 시트를 왼쪽 사람에게 전달한다

제2라운드가 종료되면 시트를 왼쪽 사람에게 전달한다.

6 이하 같은 방식으로 반복한다

제3라운드 이후에는 같은 작업을 반복한다. 최종적으로는 도표 3-3과 같은 시트가 6장 완성된다.

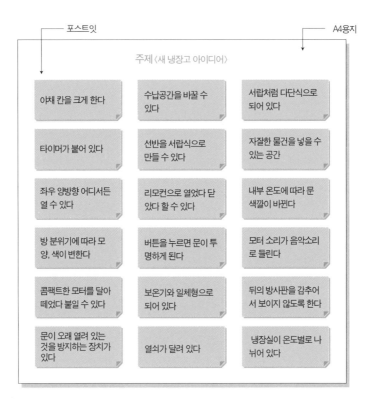

포스트잇   A4용지

주제 〈새 냉장고 아이디어〉

야채 칸을 크게 한다	수납공간을 바꿀 수 있다	서랍처럼 다단식으로 되어 있다
타이머가 붙어 있다	선반을 서랍식으로 만들 수 있다	자잘한 물건을 넣을 수 있는 공간
좌우 양방향 어디서든 열 수 있다	리모컨으로 열었다 닫았다 할 수 있다	내부 온도에 따라 문 색깔이 바뀐다
방 분위기에 따라 모양, 색이 변한다	버튼을 누르면 문이 투명하게 된다	모터 소리가 음악소리로 들린다
콤팩트한 모터를 달아 떼었다 붙일 수 있다	보온기와 일체형으로 되어 있다	뒤의 방사판을 감추어서 보이지 않도록 한다
문이 오래 열려 있는 것을 방지하는 장치가 있다	열쇠가 달려 있다	냉장실이 온도별로 나뉘어 있다

종료 후 정리

회의가 끝나면 다 같이 나온 아이디어를 평가하여 좋은 아이디어가 적힌 포스트잇을 골라내거나, 포스트잇을 모두 모아 정리한다.

1 바로 아이디어 평가를 할 때

최종적으로 자신에게 돌아온 시트에서 각자 좋다고 여겨지는 아이디어를 2~3개 뽑아내서 바로 정리 작업을 진행할 수 있다. 카드 브레인라이팅에서만 가능한 속공 정리법이다.

2 모든 아이디어를 함께 정리할 때

포스트잇을 모두 떼어서 바로 정리 작업을 할 수 있다.

정리에 관해서는 3부에 상세하게 설명되어 있으므로 참고하기 바란다.

브레인라이팅은 이처럼 일반적인 브레인라이팅 시트로 하는 '브레인라이팅'과 포스트잇을 활용하는 '카드 브레인라이팅'이 있다.

앞으로 '브레인라이팅'은 '카드 브레인라이팅'을 지칭하는 것으로 보면 된다. 카드 브레인라이팅이 정리하는 데 훨씬 간편해서 쓰임새도 더 다양하다.

정보를 활용하고 싶다면
세 가지 원칙을 지켜라

나는 '3M 홍보대사'라는 오해를 살 정도로 아이디어 발상에 다양한 포스트잇을 활용하고 있다. 뿐만 아니라 가로 세로 7.5cm짜리와 2.5 × 7.5cm짜리 포스트잇을 항상 가죽 카드 홀더에 넣어 가지고 다닌다. 이렇게 하면 즉석에서 떠오르는 생각이나 아이디어를 바로 기입할 수 있고, 나중에도 쉽게 정리하여 사용할 수 있다.

포스트잇은 가장 진보된 카드

정보 기록에는 노트식과 카드식이 있다. 나를 취재하는 신문이나 잡지 기자들을 보면 대부분 노트를 이용한다. 잡지 기자인 한 친구는 노트의 이점을 이렇게 말한다. "노트는 시간 순서대로 쓰이기 때문에 나중에 기억을 더듬을 때도 편리하지. 게다가 노트는 잃어버릴 일도 거의 없고."

분명 노트는 보관하는 데 매우 편리하다. 나도 정보 기록에서는 수첩이나 노트가 기본적으로 편리하다고 생각한다. 그러나 기록을 바로 정리하거나 신속히 가공하여 문장화하는 데는 카드식이 더 낫다.

문화인류학자인 우메사오 다다오 선생은 교토 대학 교수로 있던 시절에 '교대식 카드'라 불리는 A6 크기의 카드를 고안한 것으로 유명하다. 우메사오 선생은 공동연구를 할 때 각자 자기 노트에 정보를 기록하는 것이 비효율적이라 생각하여 '교대식 카드'를 제안했다. 연구자들 모두 이 카드에 정보를 모아서 데이터를 공유하는 한편, 쉽게 정리하기 위해서다.

간단한 기록을 할 때는 노트식이 편리하지만 이것을 가공하거나 새롭게 구성하는 데는 카드식이 뛰어나다고 할 수 있다.

포스트잇의 다섯 가지 놀라운 힘

정보 활용 면에서는 카드식의 장점이 더 크다. 다음 다섯 가지 포인트를 짚어볼 수 있다.

카드식의 장점

1 기록한 뒤 바로 정리할 수 있다

우메사오 교수가 제안한 것처럼 아이디어나 정보를 기록한 카드를 바로 정리하는 데는 카드식이 유리하다. 카드 브레인라이팅은 이 장점을 활용하기 위해 고안된 방식이다.

2 좋은 아이디어만을 뽑아낼 수 있다

정보 카드나 아이디어 카드 중에서 사용할 수 있는 카드만을 뽑아내거나 필요 없는 카드를 버리는 등 간편하게 활용할 수 있다.

3 잘못 기입된 것은 새로운 카드에 다시 적을 수 있다

기록이나 발상을 카드에 바로 적기 때문에 나중에 수정하거나 추가로 기입해야 하는 경우 그 카드만 따로 정리할 수도 있다. 부분적인 수정을 얼마든지 할 수 있는 것도 카드식의 장점이다.

4 정리할 때 편집이 가능하고 변경이 쉽다

카드식은 정리할 때 가장 빛이 난다. 카드는 얼마든지 탈부착이 가능하다. 덕분에 구상을 구체화시키는 과정에서 몇 번이고 붙였다 떼었다 하면서 자유롭게 변형시킬 수 있다. 이는 노트식이라면 절대 불가능한 것이다.

5 항상 소지하고 다니면 언제든 정보 수집, 활용이 가능하다

나는 포스트잇과 카드를 항상 가방에 갖고 다니기 때문에 친구와 언제 어디서든지 카드 브레인라이팅을 할 수 있다.

규격화하라, 즉시 하라, 집중하라

나는 정보 활용의 포인트를 '규·즉·집'이라 생각한다. 풀어 말하면 '규격화', '즉시화', '집중화'의 세 가지다.

1 규격화

정보를 수집할 때 이용하는 도구는 '규격화' 하는 것이 중요하다는 의미다. 정보는 각종 미디어에 넘쳐난다. TV나 신문, 사람들의 이야기 등 다양한 곳에서 정보를 얻을 수 있다. 따라서 이들을 수집하는 도구를 규격화할 필요가 있다.

시간의 흐름에 따른 기록은 수첩, 보존을 위한 기록은 노트, 기획서를 작성할 때는 카드 등 나름대로 정보수집 도구의 규격화를 이루도록 하자.

2 즉시화

정보는 언제 귀에 들어올지 알 수 없다. 사람들과 레스토랑에서 이야기를 하는 동안 멋진 생각이 떠올랐지만 미처 적어두지 못해 잊어버린 경험이 한두 번쯤 있을 것이다. 요즘 같으면 휴대전화에 녹음하는 방법도 있고 대단히 편리해졌다. 나는 오래전부터 카드 수첩을 항상 가지고 다니면서 이 문제에 대응해왔다. 이처럼 언제 어디서든 바로 아이디어와 정보를 기록하는 것이 '즉시화' 다.

즉시화의 또 다른 측면은 정보를 즉시 꺼낼 수 있어야 한다는 점이다. 카드를 정기적으로 정리해두고, 파일링을 연구하고, 컴퓨터로 데이터를 보관하는 등 필요할 때 즉시 정보를 활용할 수 있도록 해야 한다.

3 집중화

마지막 원칙은 '집중화' 다. 여기에는 파일링 연구가 필수적이다. 규격화로 정보를 보기 좋게 정리했더라도 언제든 즉시 꺼내볼 수 있도록 하기 위해서는 일정한 공간에 집중화시키지 않으면 안 된다.

7장에서 상세하게 설명을 하겠지만, 정보를 정리하는 기술을 나는 '공간형'과 '체계형'으로 분류한다. 파일링도 마찬가지다.

정보를 주제별로 정리한다면 내용별로 모으는 공간형이 된다. 책의 경우 책장별로 나누어 전문서, 소설류, 사전류, 취미도서, 가정도서 등으로 분류할 수 있다. 이것이 공간형 정리법이다.

한편 와세다 대학 대학원 노구치 유키오 교수의 '초정리법'은 계열형(系列型)의 시계열(時系列) 방식이다. 초정리법은 A4 봉투를 활용한다. 시간별로 정보를 정리하여 날짜와 제목을 적은 봉투를 정리하는 방식이다. 나 역시 강연 자료를 이 방식을 이용해 시간별로 정리한다. 그렇게 하면 '저 강연은 아마 작년 5월경이었지?' 하고 떠올리며 꺼내볼 수 있다. 내용이 같은 것이나 시간이 가까운 것끼리 연결되어 기억 속에 저장되므로 초정리법은 기억의 기본에도 충실하다.

정보 카드와 발상 카드 작성의 기본 노하우

카드에는 교대식 카드처럼 정보를 모으기 위한 약간 큰 사이즈의 정보 카드와 발상 시 이용하는 포스트잇처럼 작은 발상 카드, 두 종류가 있다. 이들 카드의 활용 룰을 알아보자.

카드(포스트잇) 작성 룰

1 카드나 포스트잇 한 장당 한 가지 내용

아무리 내용이 적더라도 '카드 하나에 한 가지 내용'의 원칙을 고수해야 한다. 그렇지 않으면 정리할 때 이 카드를 어떤 내용으로 분류해야 할지 몰라 고민하게 된다.

2 카드나 포스트잇에는 정보원, 날짜, 제목을 기입한다

정보원에 대해 빠뜨리지 말자. 예를 들어 닛케이 신문 2009년 5월 6일자 석간이라면 'Ne090506(e는 evening의 약자)'이라 적고, 같은 날 친구인 야마다에게 들은 정보라면 '친구·야마다 090506'이라고 기입한다. 이렇게 하면 나중에 의문이 생겼을 때 바로 원점으로 돌아가 체크할 수 있다.

또한 정보 카드처럼 큰 카드에 많은 내용을 적는 것이라면 카드 머리말에 내용을 알기 쉽게 제목을 붙이면 편리하다.

3 카드나 포스트잇은 정기적으로 정리하고 분류한다

주 1회 정도는 카드나 포스트잇을 다시 훑어보고 불필요한 것은 과감하게 버린다. 그리고 정보가 쓰여 있는 포스트잇은 파일링하거나, 발상이 기입된 카드는 분류하여 노트나 수첩별로 정돈해둔다.

진짜 핵심을 쏙쏙 추려내는
키워드 브레인라이팅

⊕ 브레인라이팅을 발전시킨 기법이 키워드 브레인라이팅이다. 어떤 주제로 아이디어를 낼 때 발상의 단초가 되는 키워드가 몇 가지 있으면 한층 구체적인 아이디어를 얻을 수 있다는 점에 착안하여 내가 만든 것이다.

키워드 브레인라이팅이란?

키워드 브레인라이팅은 브레인라이팅을 발전시킨 기법이다. 브레인라이팅에서는 발상해야 할 주제가 한 가지만 주어진다. 이때는 생각해야 할 특별한 힌트가 없다. 그러나 발상을 할 때 상당수는 그 주제에 관해서 뭔가 생각해야 할 단서가 항상 존재한다.

예를 들면 '집단 따돌림의 원인 찾기'를 주제로 할 때 브레인라이팅에서는 바로 발상에 들어간다. 그러나 '괴롭히는 쪽의 문제', '괴롭힘을 당하는 쪽의 문제', '가정의 문제' 등 단적인 내용이 제시되면 생각의 실마리가 될 수 있다. 이를 키워드로 삼아 집단 따돌림의 문제점을 생각하는 것이 주제를 막연하게 고민하는 것보다 한층 발상하기가 쉽다.

이처럼 주제와 관련된 몇 개의 키워드를 근거로 구체적으로 발상하는 것이 키워드 브레인라이팅이다. 구체적으로는 발상 카드에 키워드를 쓰고, 그 아래에 붙인 포스트잇에는 그 키워드에 관련된 아이디어를 적는 것이다.

키워드 브레인라이팅의 진행법

키워드 브레인라이팅의 진행법은 키워드를 설정한다는 점이 브레인라이팅과 차이가 있고 나머지는 기본적으로 같다. 구체적인 순서를 알아보자.

사전 준비

1 주제를 정한다

주제는 브레인라이팅과 마찬가지로 문제 파악을 할 때나 문제 해결이 필요한 경우 모두 가능하다.

2 리더와 참가자를 선정한다

브레인라이팅과 마찬가지로 기본 참가자 수는 6명으로 한다.

3 모두가 둘러앉을 수 있도록 책상을 배치한다

책상을 ㅁ자 형으로 배치하여 참가자 전원이 서로의 얼굴을 볼 수 있게 앉는다.

1 B4용지를 전원에게 배포한다

키워드 브레인라이팅에서는 B4용지를 이용한다. 이 크기에는 키워드를 4개 설정할 수 있다. A3용지에는 키워드가 5개 들어간다.

2 B4용지에 포스트잇을 붙인다

각자 용지를 가로로 놓고 시트 위쪽에 주제를 적을 수 있게 3cm 정도 비워둔다. 다음에 핑크색 포스트잇(2.5 × 7.5cm)을 주제 기입란 바로 아래에 옆으로 4장 붙인다. 그리고 그 아래에 노란색 포스트잇(2.5 × 7.5cm)을 가로 4장, 세로 6장씩 붙인다.

3 전원이 주제를 확인하고 시트 위쪽에 기입한다

리더는 주제를 화이트보드에 적어 참가자들에게 설명한다. 참가자들은 각자 시트 위쪽에 주제를 기입한다.

4 키워드를 무엇으로 할지 서로 이야기를 나눈다

키워드 브레인라이팅에서는 키워드를 무엇으로 하는가에 따라 성과가 크게 달라진다. 이 주제에서 생각해야 할 단서들이 무엇인지 잘 찾아보

자. 키워드 선정 시에는 특히 다음 세 가지에 주의하자.

❶ 주제 발상에 필요한 키워드를 생각한다.

예를 들어 '집단 따돌림의 원인 규명'의 경우 '괴롭히는 쪽의 문제', '괴롭힘을 당하는 쪽의 문제', '학교 쪽의 문제', '가정의 문제', 네 가지를 생각해볼 수 있을 것이다.

도표 3-4의 '패밀리 레스토랑 고객 증가를 위한 플랜'의 예에서는 '건물·시설', '식사·메뉴', '광고·선전'에 '기타'를 추가하였다. 이처럼 주제에 관해 생각해야 할 포인트를 파악하여 키워드를 선정한다.

❷ 키워드 배분을 연구한다.

키워드를 반드시 네 가지로 나누지 않아도 된다. 이때는 모든 사람에게 똑같이 키워드를 배분하지 않아도 상관없다.

예를 들어 키워드가 8개로 나온 경우 참가자를 두 그룹으로 나누고, 각 그룹이 4개씩 나누어 적는다. 키워드가 6개인 경우 주요한 3개는 전원이 공유하여 모두 쓰도록 하고 나머지 3개는 두 그룹으로 나누어 각 그룹의 3명이 1개씩 적는다. 키워드 수에 맞춰 배분을 얼마든지 달리할 수 있다.

❸ '기타'라는 키워드의 포스트잇을 만든다.

가능하면 키워드에 '기타'를 넣도록 하자. '기타'는 키워드 발상에서는 나오지 않은 아이디어를 자유롭게 기입하는 난으로 유용하다.

도표 3-4 키워드 브레인라이팅의 실례

이것도 참가자 전원이 쓰지 않아도 상관없다. 몇 명에게 '기타'를 부여하는 것으로도 충분하다.

5 키워드를 기입한다

각자 팀에서 정한 키워드를 용지 맨 위에 붙은 핑크색 포스트잇에 기입한다.

키워드 브레인라이팅에서는 '키워드를 무엇으로 하는가'에 따라 성과가 크게 달라진다. 이 주제에서 생각해야 할 포인트가 무엇인지 충분히 고려하여 선택하는 것이 중요하다.

본회의(1라운드를 4분간 실시한 예)

키워드 브레인라이팅도 주제에 대한 아이디어를 찾는 것이 중요하다. 그러나 키워드에 너무 얽매이다 보면 본래 주제를 잊어버리는 경우가 종종 생긴다. 키워드에 관한 아이디어에만 집중한 탓이다. 어디까지나 주제가 중요하고, 키워드는 이에 필요한 아이디어임을 잊지 말아야 한다.

1 타이머를 맞춘다

리더는 타이머를 준비하여 4분으로 맞춘다.

2 제1라운드

제1라운드의 4분간은 각 키워드 바로 아래의 노란색 포스트잇에 키워드를 통해 떠오른 아이디어 1개씩 모두 4개의 아이디어를 기입한다. 기입은 첫째 줄 노란색 포스트잇에만 한다.

3 시간이 되면 시트를 왼쪽 사람에게 넘긴다

4분 후 타이머가 울리면 시트를 왼쪽 사람에게 돌린다. 기입하던 것을 재빨리 정리하고, 아이디어를 다 쓰지 못했더라도 시간이 되면 왼쪽 사람에게 넘기도록 한다.

4 제2라운드

제2라운드에서도 4분간 4개의 아이디어를 오른쪽 사람으로부터 받은 시트의 두 번째 노란색 포스트잇에 기입한다. 이때 앞사람이 기입한 첫 번째 아이디어를 보면서 거기에서 발전한 아이디어를 생각하거나 전혀 색다른 아이디어를 떠올려도 좋다.

5 시간이 되면 시트를 왼쪽 사람에게 건넨다

다시 4분이 경과하면 시트를 왼쪽 사람에게 돌린다.

6 이하 반복한다

마지막 줄까지 같은 작업을 반복한다.

종료 후 정리

키워드 브레인라이팅을 이용하면 아이디어를 모으고 정리할 때 매우 간편하다. 포스트잇을 키워드별로 분류할 수 있기 때문이다.

1 정리용 B4용지를 준비한다

정리를 위해 B4용지를 키워드 수만큼 준비한다. 이 용지를 옆으로 놓고, 키워드가 적힌 포스트잇 한 장을 용지 왼쪽 상단에 붙인다.

2 각자의 아이디어 포스트잇을 붙인다

키워드 포스트잇이 적힌 용지를 한 장씩 각자에게 나누어준다. 이 용지에 자신이 받은 키워드에 해당되는 포스트잇을 떼어서 붙이고 다음 사람에게 돌린다. 이렇게 해서 키워드별로 포스트잇이 정리된 용지가 완성된다.

3 분담해서 정리 작업을 한다

각 키워드 용지를 인원수에 따라 잘 분배하여 정리하자. 키워드가 4개라면 6명의 멤버를 3명씩 두 그룹으로 나누어 각기 2개의 키워드 용지를 분담하여 정리한다.

이처럼 키워드 브레인라이팅은 키워드별로 발상한 포스트잇을 손쉽게 정리할 수 있으므로 통상적인 브레인라이팅보다 정리 시간을 대폭 단축할 수 있다.

키워드 브레인라이팅의 활용법

나는 키워드 브레인라이팅을 여러 업무에 활용하고 있다. 키워드 브레인라이팅을 이용하면 우선 키워드를 생각함으로써 주제에 어떻게 접근하면 좋을지 구체적으로 파악할 수 있다. 또한 키워드를 통해 주제를 더욱 꼼꼼하게 살필 수 있다. 키워드를 염두에 두면 아이디어 발상의 방향도 명확해진다.

이처럼 키워드를 이용하면 구체적인 아이디어를 더 많이 얻을 수 있다.

PART 2

팀장과 리더를 위한
브레인라이팅 실전 활용 전략

아이디어 발상의 기본은 연상 사고다. 여기에 유추라고 하는 발상법을 포함해서 세 종류의 발상법이 있다. 자유 연상법, 강제 연상법, 유추 발상법이 그것이다. 먼저 이들의 차이점을 이해한 다음 브레인라이팅을 실시할 때 이들 기법을 충분히 활용하도록 하자.

CHAPTER 4

'자유 연상 전략' 으로
막힌 사고를 풀어주어라

자유롭게 연상하는 것이 자유 연상법이다. 브레인스토밍이 그 기본 기법이다.
브레인라이팅은 브레인스토밍에서 힌트를 얻은 것이므로
먼저 브레인스토밍에 대해 파악해두도록 하자.
최근 주목받고 있는 마인드맵 역시 브레인라이팅에 다양하게 활용할 수 있다.

아리스토텔레스의
발상법을 배워라

:
.

➕ 아이디어 발상에는 세 가지 발상법이 있다. 아이디어를 낼 때 반드시 발상법을 염두에 두어야 하는 것은 아니지만, 이를 알고 의식하면 한층 효과를 높일 수 있다. 아이디어를 내는 데 효과적인 세 가지 발상법에 대해 알아보자.

반대 연상, 접근 연상, 유사 연상

발상한다는 것은 사실이나 아이디어를 떠올리는 것이다. 무언가를 떠올릴 때 우리는 주로 연상력을 이용한다. 인간이 연상작용을 한다는 것은 고대 그리스 시대부터 이미 의식하고 있었다.

철학자 아리스토텔레스는 이것을 '연상의 법칙'이라 불렀다. 또한 연상을 원활하게 만드는 방법으로 다음 세 가지를 들었다.

1 반대 연상

2 접근 연상

3 유사 연상

예를 들어 '하얀색'이라는 말에는 대개 '검은색'을 떠올린다. 이는 반대되는 것이므로 반대 연상이다. '산'이라는 말을 듣고 '강'을 떠올렸다면 이는 비슷한 것이므로 '접근 연상'이다. '공'에서 '지구'를 떠올렸다면 '유사 연상'이다.

이처럼 연상은 어떤 것에서 다른 것을 차례로 떠올리는 작용을 말한다.

자유롭게, 강제적으로, 유추하면서

이 연상법을 중심으로 아이디어 발상하는 방법을 정리해보았다. 그리고 발상법을 크게 다음 세 가지로 나누었다.

1 자유 연상법

2 강제 연상법

3 유추 발상법

나는 기본적으로는 연상을 이용해 다양한 발상을 한다. 여기에는 세 가지 방법이 있다(도표 4-1).

우선 어떤 주제에 대해 자유롭게 생각을 풀어가는 것을 '자유 연상'이

1
자유 연상법
(힌트 없이 자유롭게 발상)

아이디어
(오래 사용해도
사용감이 똑같다)

주제
새로운 가위

아이디어
(콧털 가위로도
사용할 수 있다)

아이디어
(필통 속에 쏙 들
어간다)

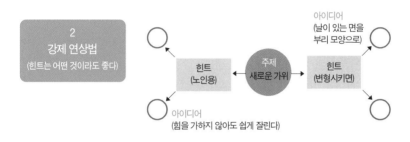

2
강제 연상법
(힌트는 어떤 것이라도 좋다)

아이디어
(날이 있는 면을
부리 모양으로)

힌트
(노인용)

주제
새로운 가위

힌트
(변형시키면)

아이디어
(힘을 가하지 않아도 쉽게 잘린다)

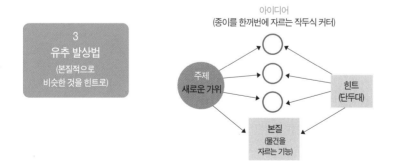

3
유추 발상법
(본질적으로
비슷한 것을 힌트로)

아이디어
(종이를 한꺼번에 자르는 작두식 커터)

주제
새로운 가위

힌트
(단두대)

본질
(물건을
자르는 기능)

라 한다. 그리고 이 방법을 '자유 연상법'이라 부른다. 브레인라이팅은 기본적으로 자유 연상법이다.

한편 어떤 주제에 대해 예를 들면 "반대 단어를 연상하시오"와 같이 생각의 방향을 정해서 연상하는 방법을 '제한 연상'이라 한다. 이 사고법을 이용한 방법, 즉 주제에 대해 생각할 방향을 제시하고 발상하는 방법을 나는 '강제 연상법'이라 이름 붙였다.

'새로운 가위 아이디어'를 예로 들어 발상해보자. 자유 연상법에서는 아무런 힌트도 없다. "새로운 가위에 대한 아이디어를 생각나는 대로 내보자"고 하여 차례차례 연상을 통해 아이디어를 내는 것이다. '오래 사용해도 부드럽게 자를 수 있는 것', '필통 속에 쏙 들어가는 것', '콧털 가위로도 사용할 수 있는 것'과 같이 자유롭고 활발하게 연상하는 방법이 자유 연상법이다.

한편 '강제 연상법'은 같은 주제에 대해 '변형을 생각해볼 수 있는가?', '노인을 위한 아이디어는?', '신소재를 이용한다면?'과 같은 식으로 생각하는 방향을 지시해주고 발상하는 것이다.

다음과 같은 예가 있다.

- 변형: 칼날을 펠리컨 부리 모양으로 만든다.
- 노인용: 힘을 들이지 않아도 자를 수 있도록 중심점을 칼날 가까이에 만든다.
- 신소재: 세라믹을 이용한다.

이처럼 연상 범위를 강제적으로 좁힘으로써 사고를 집중시키고 더불어 더욱 구체적인 아이디어를 낼 수가 있다.

연상을 이용한 발상법 외에 유추를 이용한 발상법이 있다. 나는 이를 '유추 발상법'이라 이름 붙였다. 유추 발상은 아리스토텔레스가 말하는 '유추 연상'과 비슷하지만 그보다 조금 복잡하다. 강제 연상법을 더욱 세밀하게 만든 방법이라고 할 수 있다. 강제 발상법에서는 생각의 방향이 맞으면 힌트가 무엇이든 상관없다. 그러나 유추 발상법에서는 글자 그대로 '유사'가 아니라 '유추', 즉 주제와 본질적으로 비슷한 것을 힌트로 하는 것이 기본 원칙이다.

여기서 '본질적'이란 말은 단순히 외견이 비슷한 것을 의미하지 않는다. 그렇다면 '유사'가 될 것이다. '본질적으로 비슷하다'는 것은 연상의 힌트가 주제의 내용물과 기본적으로 비슷하다는 의미다. 예를 들어 물건의 경우 주제와 힌트의 기능이 같다면 '본질적으로 비슷하다'는 의미가 될 것이다.

유추 발상법에 대해 '가위'를 주제로 살펴보자. 유추 발상법에서는 가위의 기능에 초점을 맞추고 '물건을 자르는 기능을 가진 것'을 찾아 힌트로 제시한다.

예를 들어 물건을 자르는 기능을 가진 것으로 '단두대'를 힌트로 삼는다고 하자. 그다음에는 '단두대를 힌트로 해서 새로운 가위를 만들어낼 수 있을까?' 하는 식으로 아이디어를 찾아간다. '종이를 여러 장 겹쳐서 자르는 지렛대식 커터'는 어쩌면 단두대에서 힌트를 얻은 것일지도 모른다.

　이처럼 발상법은 완전히 자유롭게 발상을 하는 '자유 연상법', 무언가를 연상의 힌트로 삼는 '강제 연상법', 본질적으로 유사한 것을 힌트로 삼는 '유추 발상법'의 세 가지로 나뉜다. 브레인라이팅을 할 때도 이 세 가지 발상법을 충분히 활용하자.

　이하 4장에서는 자유 연상법을, 5장에서는 강제 연상법을, 6장에서는 유추 발상법에 대해 알아본다.

브레인스토밍으로
머리를 자유롭게 하라

⊕ 앞에서도 말했듯이 브레인스토밍은 아이디어 회의 기법의 어머니다. 아이디어 회의 기법의 대부분이 브레인스토밍에서 나왔다는 의미다. 따라서 브레인라이팅을 이해하기 위해서는 먼저 브레인스토밍에 대해 살펴볼 필요가 있다.

브레인스토밍은 아이디어 회의 기법의 어머니인 동시에 자유 연상법의 대표적인 기법이다.

발상법의 원조는 브레인스토밍

브레인스토밍은 BBDO라는 미국 광고회사의 창업자인 알렉스 오즈번이 1941년에 창안한 것이다. 브레인스토밍은 세계에서 가장 오래되고, 가장 널리 알려졌으며, 또 가장 많이 사용되고 있는 아이디어 회의 기법이다.

오즈번이 부사장으로 있던 당시 미국의 광고업계에서는 카피라이터, 디자이너, 영업부, 3자가 철저히 분업체계를 이루고 있었다. 영업부에서 광고주의 의향을 카피라이터에게 전달하면, 이를 기초로 카피라이터가 카피를 써서 디자이너에게 건네고, 디자이너는 이를 토대로 작업하는 방식이었다.

그러나 오즈번은 모두 함께 머리를 짜내면 훨씬 더 풍부한 아이디어가 나올 것이라 생각하여 브레인스토밍을 고안해냈다.

브레인스토밍(brainstorming)은 모두 함께 시끄럽게 떠들면서 머리(brain)를 폭풍(storm)과 같이 격하게 움직여 아이디어를 낸다고 해서 붙여진 이름이다. 당시 광고 기획회의 정경이 눈앞에 보이는 것 같은 재미있는 네이밍이다. 브레인라이팅은 이 브레인스토밍의 이름에서 힌트를 얻은 것이다.

네 가지 룰을 반드시 지켜라

앞에서도 말했듯 오즈번은 브레인스토밍의 네 가지 룰을 정했다.

1 판단 연기
2 자유분방
3 질보다 양
4 종합 개선

오즈번의 수석제자인 시드니 팬즈는 2대 창조교육재단의 이사장과 뉴욕 주립대학 명예교수로 현재까지 살아 있는 창조학자 중 가장 저명한 인물이다. 1985년에 나는 그를 일본에 초청하여 강연회를 주재한 이후 20년 이상 친분을 유지하고 있다.

언젠가 그와 만난 자리에서 오즈번이 발상에서 가장 중요하게 여긴 것이 무엇인지를 물었다. 그러자 팬즈는 조금도 주저하지 않고 'Defer Judgement(판단 연기)'라고 대답했다. 판단 연기란 발상 시 떠오른 생각을 곧바로 평가하지 말라는 것이다. 우선은 아이디어를 내는 데 집중하라는 의미다. 이것은 브레인스토밍에서 가장 중요한 룰이다. 물론 브레인라이팅에서도 마찬가지다.

그 외 세 가지 룰에 대해서는 49쪽에 상세하게 설명했으므로 참고하길 바란다.

브레인스토밍에서 배우는 브레인라이팅 운용술

브레인스토밍에서는 10명 정도의 멤버가 모인다. 이 자리에는 다른 부서의 직원도 참가시킨다. 또한 참가자끼리는 서로 '~씨'로 호칭한다. 직함이나 연령 등 상하관계를 따지지 않고 평등한 분위기를 만들기 위해서다. 이것은 브레인라이팅에서도 참고할 만한 테크닉이다.

브레인스토밍에서 관건은 리더인 사회자의 진행 솜씨다. 브레인스토밍에서는 목소리가 큰 사람이 회의를 주도하는 경향이 있기 때문에 리더는 참가자 전원이 자유롭게 발언할 수 있는 분위기를 만들어주는 것이 중요하다. 또한 발언이 한쪽으로 치우치지 않도록 때로는 참가자 전원에게 순서대로 발언을 시킬 필요도 있다. 브레인라이팅에서는 이 같은 걱정은 없지만 리더의 역할이 중요한 것은 다르지 않다.

브레인스토밍 시간은 1시간 정도가 바람직하며, 그 이상 계속될 경우 중간에 휴식 시간을 가진다. 발상의 집중력은 그리 오래 지속되지 않기 때문이다. 브레인라이팅은 브레인스토밍보다 각자의 집중력이 한층 더 요구된다. 전체 시간은 1시간을 넘지 않도록 하고, 1라운드 시간은 5분 이내가 적당하다.

얼굴을 마주 보고 앉아라

브레인스토밍의 진행 방식에서 브레인라이팅에 참고가 될 만한 구체적인 사항들을 뽑아보자.

브레인스토밍에서 참고할 팁

1 주제는 구체적으로 설정한다

브레인스토밍에서는 주제를 철저하게 구체화한다. 예를 들어 '절약하려면?' 이라는 추상적인 주제보다는 '종이 낭비를 줄이기 위해서는?' 과 같이 구체적으로 제시하는 것이 좋다. 브레인라이팅에서도 주제 설정은 '구체적으로' 하는 것을 명심하자.

2 자리는 ㅁ자 형으로 배치한다

브레인스토밍에서는 참가자들이 서로 얼굴을 볼 수 있도록 둥글게 둘러앉는다. 브레인라이팅에서도 탁자를 두세 개 붙여서 서로 얼굴을 마주볼 수 있도록 한다.

3 리더는 참가자의 발언을 요약해서 기록한다

브레인스토밍에서 가장 중요한 리더의 역할은 발언을 정리하고 기록하는 것이다. 예를 들어 '아이디어 발상의 효과적인 방법'이라는 주제에서 어떤 사람이 "나는 아침 통근 전철에서 광고를 보면서 신상품 아이디

도표 4-2 브레인스토밍의 실례

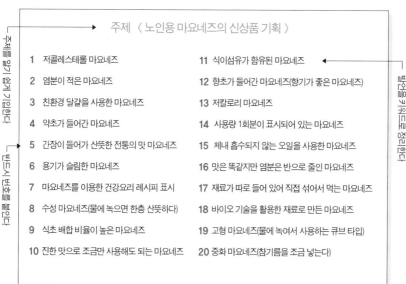

어 힌트가 없는지 생각하고 메모를 한다"고 발언했다고 하자.

자질이 부족한 리더라면 '광고를 본다' 라든지 '아이디어를 메모한다' 와 같이 막연하게 정리할 것이다. 그러나 능력 있는 진행자는 '전철 광고에서 힌트를 얻어 신상품 아이디어를 메모한다' 와 같이 발언의 키워드를 정확히 정리하여 기입한다(도표 4-2).

브레인라이팅에서도 이처럼 중요한 키워드를 뽑아내 기입하도록 노력하자.

브레인스토밍은 브레인라이팅의 어머니라고 할 수 있다. 브레인스토밍에서 힌트를 얻어 브레인라이팅에 십분 활용하자.

'마인드맵'으로
생각의 가지를 뻗어라

⊕ 마인드맵은 국내에서도 널리 알려진 방식이다. 특히 핀란드 학생들의 학업 성취도가 높은 데는 초등학교에서부터 마인드맵을 활용하는 것이 한몫한다는 사실이 알려지면서 더욱 주목을 끌고 있다.

마인드맵 역시 자유롭게 생각을 전개하는 기법이므로 전형적인 자유 연상법이다.

영국에서 탄생한 자유 연상법

마인드맵은 영국의 토니 부잔이 고안하였다. 종이 한가운데 주제를 적고 그 주제와 연관해서 떠오르는 힌트나 아이디어를 방사형으로 자유분방하게 적으면서 연상을 넓혀가는 방법이다.

부잔은 능력개발의 권위자로,《머리가 좋아지는 책》,《인생에 기적을 일으키는 노트 기술》의 저자로 널리 알려져 있다. 또한 《마인드맵》이라는 책에서 자유 연상 기법을 마인드맵을 통해 정리한 바 있다.

물론 이 같은 발상법은 동서양을 불문하고 이미 다양하게 시험되어왔다. 일례로 르네상스 시대의 화가인 레오나르도 다 빈치의 스케치를 보면 마인드맵과 상당히 유사하다. 또한 정리 기법으로서 뒤에 소개되는 KJ법을 개발한 가와키타 지로도 '불꽃식'이라고 하는 비슷한 방법을 실시하였다. 그 외에도 누구나 종이 위에 떠오르는 생각을 두서없이 적어본 경험이 있을 것이다.

마인드맵은 이렇게 많은 사람들이 자연스레 사용했던 것을 총 정리한 우수한 기법이다.

간단하게 정리하는 마인드맵 진행 방법

마인드맵은 구체적으로 다음과 같이 진행된다.

마인드맵 실시 순서

1 종이와 필기구를 준비한다

종이는 A3나 B4 크기가 적당하다. 생각을 자유롭게 하고 여유 있게 쓸 수 있기 때문이다. 필기구에 대해 부장은 "색연필을 이용해 적으면 좋다"고 조언했다. 따라서 색연필이나 크레용을 준비한다. 색이 다양하면 발상이 더욱 자유롭고 이미지가 풍부해진다.

2 종이 한가운데 타원을 그리고 그 안에 주제를 적는다

종이를 앞에 놓고 좋아하는 색연필로 한가운데 약간 커다란 타원을 그린다. 그 안에 주제를 기입한다. 여기서는 '스트레스 해소법'을 기입하였다(도표 4-3).

3 주제에서 떠오른 아이디어를 그 주변에 적는다

주제에서 떠오르는 아이디어가 있으면 가까운 곳에 기입한다. 예에서는 '스트레스 예방'이라는 아이디어를 주제 위쪽에 적었다. 또한 '스트레스 발산'을 왼쪽에 적었다.

4 주제와 아이디어를 선으로 잇는다

다음에 주제와 아이디어를 선으로 잇는다. 부잔은 이 선을 가리켜 '가지'라 불렀다. 의사결정 기법에 '디시전 트리(decision tree)'라는 방법이 있다. 하나의 주제로부터 트리, 즉 가지를 뻗어나가는 방법이다.

또한 부잔은 유연한 발상을 위해 "될 수 있는 한 곡선을 이용하라"고 조언한다. 가지는 곡선으로 그리도록 하자.

5 기입한 아이디어에서 다시 발상한다

기입한 아이디어 '스트레스 예방'에서 '가정'이나 '인간관계'를 떠올렸다면 이를 '스트레스 예방' 주위에 기입한다.

주제 〈 스트레스 해소법 〉

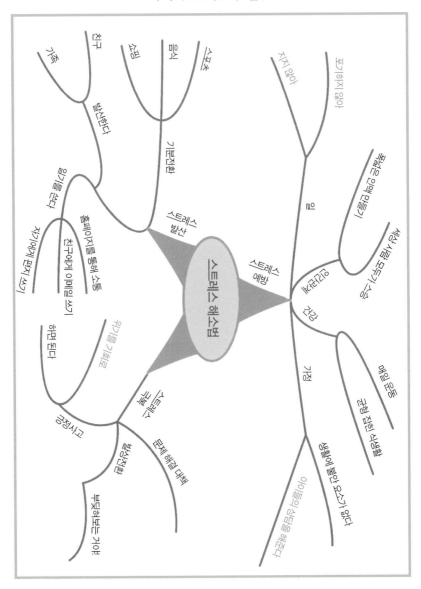

6 발상 아이디어와 이미 기입한 아이디어를 연결한다

새롭게 발상한 '가정' 등과 '스트레스 예방'을 선으로 잇는다. 이것 역시 곡선으로 한다.

7 중요한 아이디어에는 동그라미를 친다

발상이 마무리되면 마인드맵 전체를 보면서 중요한 아이디어를 선으로 강조하거나 색칠한다.

8 해결책을 생각한다

완성한 마인드맵을 보고 스트레스를 어떻게 해결하면 좋을지 생각한다. 이를 노트에 기입하거나 컴퓨터로 정리한다.

마인드맵으로 브레인라이팅이 즐거워진다

마인드맵은 이처럼 자유 연상을 이용하여 연쇄적으로 발상을 이끌어내는 방식이다. 브레인라이팅에서도 마인드맵처럼 앞사람이 기록한 아이디어에서 힌트를 얻어 발상을 키워갈 수 있다.

마인드맵은 매우 간단해서 종이와 필기구만 있으면 언제 어디서든지 시도할 수 있다. 발상법은 집단 기법이 많지만 마인드맵은 개인 기법으로도 효과적이다. 물론 여러 사람이 이야기하면서 집단 기법으로 이용할 수도 있다. 반대로 브레인라이팅은 원래 집단 기법이지만, 개인 기법으로도 사용할 수 있다.

마인드맵은 색연필 등 색을 활용한다. 브레인라이팅에서도 전원이 검은색 일색으로 쓰는 것보다 여러 가지 색을 이용하면 한층 즐겁게 할 수 있다. 각 참가자가 자신이 좋아하는 색을 이용해 적으면 나중에 정리나 회의를 할 때 각 아이디어의 내용이나 의도를 본인에게 직접 들을 수도 있다.

발상 후 정리할 때도 색연필을 이용할 수 있다. 예를 들면 매우 좋은 아이디어는 빨강, 좋은 아이디어는 녹색으로 동그라미를 치는 것이다.

또한 브레인라이팅을 하기 전에 마인드맵을 하면 브레인라이팅의 아이디어가 더욱 풍부해진다.

오늘날 마인드맵은 널리 인정받는 매우 뛰어난 아이디어 기법이다. 브레인라이팅 실력을 끌어올리기 위해서라도 직접 시도해보자.

CHAPTER 5

'강제 연상 전략' 으로
생각의 틀을 잡아주어라

주제에 무언가를 의식적으로 연결시켜 발상하는 방법이 강제 연상법이다.

특성 열거법, 체크리스트법이 대표적인 기법이다.

우선 강제 연상이란 무엇인지를 알아보자.

또한 특성 열거법이나 체크리스트법을 브레인라이팅의

아이디어 발상에 어떻게 활용하는지도 살펴보자.

주제에 무언가를 일부러
연관시켜 발상하는 '강제 연상법'
⋮
•

➕ 자유 연상법은 주제에 대해 무엇이든 자유롭게 발상하는 방법이다. 이에 비해 강제 연상법은 주제에 힌트가 되는 것을 찾아내서 이를 강제적으로 연결 지어 발상하는 방법이다.

만담에서 배우는 강제 연상법의 포인트

만담에 "바람이 불면 통 만드는 가게가 돈을 번다"는 말이 있다. 그 시작에서 결말까지는 이렇다.

바람이 불면
↓
먼지가 일어난다.

$\downarrow$

먼지가 눈에 들어간다.

$\downarrow$

눈이 멀게 된 사람이 늘어난다.

$\downarrow$

사미센을 연주하는 악공이 늘어난다.
(당시 장님들의 직업으로 가장 일반적이었다.)

$\downarrow$

사미센의 재료가 되는 고양이 수가 줄어든다.

$\downarrow$

쥐가 많아진다.

$\downarrow$

늘어난 쥐들이 통을 갉아먹는다.

$\downarrow$

통 만드는 가게들이 돈을 번다.

'바람이 불면'이라는 가정에서 '통 만드는 가게가 돈을 번다'는 결말을 무리하게 연결시켜 한바탕 웃음을 유발한다. 강제 연상법은 이처럼 어쨌든 강제적으로 연결시켜 발상을 하는 것이다.

나는 기업 연수 등에서 이 이야기를 힌트로 다양한 강제 연상 게임을 진행한다. 예를 들면 다음과 같다.

강제 연상 게임 '바람이 불면 사진사가 돈을 번다'

'바람이 불면 왜 사진사가 돈을 벌까?' 라는 문제에 대해 중간에 3~5개의 문장을 넣어 재미있는 이야기를 만들어보자.

가장 흔하게 나오는 대답은 이런 식이다.

바람이 불면

↓

여성들의 치마가 올라간다.

↓

음흉한 사람들이 사진을 찍는다.

↓

사진사가 돈을 번다.

그러면 나는 사람들에게 "발산 사고와 수속 사고를 동시에 반복하고 있군요. 발산할 때는 충분히 발산하도록 하세요. 그러기 위해서는 우선 바람이 불면 어떤 상태가 될지 모든 것을 적어봅니다. 그리고 그중 사진사가 가장 돈을 벌 수 없는 상황을 일부러 선택합니다. 그 속에서 점차 이야기를 발전시켜 마지막에 강제적으로 사진사가 돈을 벌도록 연결하는 것입니다"라고 말한다. 그렇다면 어떻게 될까?

바람이 불면

↓

해리 포터가 빗자루를 타고 하늘을 난다.

↓

그 모습을 쳐다보다 목을 다친 사람들이 많아진다.

↓

목이 아픈 사람들이 병원을 찾아 엑스레이를 찍는다.

↓

엑스레이 기사들, 일종의 사진사가 돈을 번다.

다소 무리는 있을 것이다. 그러나 발산 사고와 수속 사고를 따로 분리한다는 원칙은 강제 연상법에서도 다르지 않다.

또 하나 강제 연상 게임을 해보자.

강제 연상 게임 '비가 오면 우산 가게가 망한다'

'비가 오면' 왜 '우산 가게가 망하는가'에 대해 중간에 3~5단계를 넣어 재미있는 이야기를 만들어보자(도표 5-1).

강제 연상의 소재는 얼마든지 있다

아이디어에 목말라 하는 사람이라면 이 강제 연상법을 항상 이용할 것이다.

우리 회사는 다양한 상품 개발에 참여하고 있다. 식료품, 문구, 가전 등 업종도 다양하다. 일이 시작되면 우리는 우선 다양한 상품 카탈로그를 모은다. 해당 상품 분야의 것만이 아니다. 오히려 전혀 다른 상품 카탈로그

강제 연상 게임

> '바람이 불면' '통을 만들어 파는 가게가 돈을 번다' 라는 이야기가 있다. 그렇다면 '비가 오면' '우산 가게가 망한다' 라는 주제로 재미있는 이야기를 만들어보자.

❶ 비가 오면

우산 가게가 망한다

❸ 비가 오면

우산 가게가 망한다

❷ 비가 오면

우산 가게가 망한다

❹ 비가 오면

우산 가게가 망한다

에서 힌트를 얻는 경우가 많다. 이때 사용하는 발상법이 강제 발상법이다. 어쨌든 강제적으로 연결시켜 발상을 하는 것이다.

예를 들어 '새로운 맥주 개발' 을 기획하면서 식품 카탈로그에서 고우하쿠 떡(紅白餅: 붉은색과 흰색 떡. 이것을 함께 넣어 축하 선물로 이용한다 – 옮긴이)을 보고 고우하쿠 맥주를 제안하여 상품화 직전까지 간 적도 있다.

이처럼 강제 연상은 언제든지 활용할 수 있는 사고법이다. 브레인라이팅에서도 다른 사람이 내놓은 발상을 기초로 하여 강제 연상을 통해 발상의 폭을 넓히도록 하자.

'특성 열거법'으로
생각의 대상이 분명해진다

:
•

주제가 세분화될수록 좋은 아이디어가 나온다. '직장 커뮤니케이션 개선법'이라는 주제보다 '부하의 의견을 상사에게 잘 전달하려면?'이라고 정할 때 더 구체적인 아이디어를 얻을 수 있다. 특성 열거법은 이 같은 생각에 기초하여 고안된 기법이다.

특성 열거법으로 브레인라이팅의 주제를 구체화한다

'특성 열거법'은 미국 네브래스카 대학의 로버트 크로포드 교수가 고안한 강제 연상법 중 하나다. 발상 시 주제를 특성별로 나누어 그 특성에 따라 아이디어를 만들어내기 때문에 특성 열거법이라고 한다.

이는 "주제를 세분화하여 발상할수록 아이디어가 잘 나온다"는 이론에 기초하고 있다. 사물과 대상물을 꼼꼼히 조사하여 특성별로 강제적인 발상을 하는 것이므로 강제 연상법에 속한다.

이 기법에서 브레인라이팅에 참고할 만한 내용은 우선 주제를 결정하는 방식이다. 특성 열거법에서는 주제를 세분하여 구체적으로 만든다.

예를 들어 '새로운 필기구'라는 주제를 더 구체적으로 하기 위해 먼저 필기구의 특성을 나눈다. 재료는, 제조법은, 기능은, 손에 쥐는 부분은, 디자인은, 색은, 두께는, 무게는…… 하는 식으로 특성을 세분화하여 이를 주제로 삼는 것이다. 그리하여 주제는 '새로운 필기구'가 아니라 '필기구의 새 기능', '필기구의 새로운 외형' 등이 된다.

특성 열거법은 이처럼 먼저 주제를 구체화한 다음 진행한다.

특성 열거법의 기본적인 진행법

특성 열거법의 기본적인 진행법을 소개한다. 예를 들어 '새로운 톱'을 주제로 아이디어를 생각해보자.

1 주제를 정한다('새로운 톱에 대한 아이디어')

2 특성을 브레인스토밍으로 낸다(자르기, 크기 등)

3 특성을 정리한다(기능, 디자인, 소재 등)

산교노리츠 대학을 세운 우에노 요이치는 창조성 개발의 사고법과 기법을 일본에 처음으로 도입한 사람이다. 그는 특성을 다음 세 가지로 분류하였다(《독창성의 개발과 그 기법》에서).

❶ 명사적 특성 : 전체, 부분, 재료, 만드는 법

❷ 형용사적 특성 : 성질, 상태(모양, 색, 디자인 등)

❸ 동사적 특성 : 기능(그것의 효용)

이것들을 이용해 '톱'을 특성별로 나누고 발상해야 할 특성을 선택한다(도표 5-2).

도표 5-2 특성 열거법의 실례

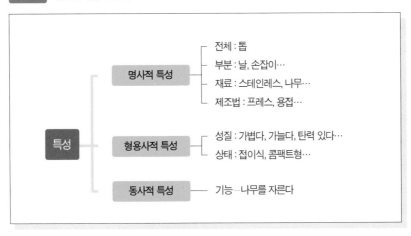

4 분류별로 아이디어를 발상한다

각각의 특성을 한층 확장시킬 아이디어나 다른 특성을 덧붙여서 더 좋은 '톱' 아이디어를 낸다.

예를 들어 '상태'의 특성에서 생각해보면 현재 나와 있는 상품 중에 접이식 톱, 전동식 톱, 높은 위치의 나뭇가지를 자를 수 있는 긴 톱 등이 있다.

특성 열거법을 키워드 브레인라이팅에 활용한다

특성 열거법을 키워드 브레인라이팅에 활용할 수 있다. 앞에서도 언급했지만, 우선 상품 개발 등을 할 때 '주제의 구체화'는 매우 참고할 만하다.

특히 키워드 브레인라이팅에 적극적으로 활용할 것을 권한다. 키워드 브레인라이팅에서는 발상을 위해 주제를 몇 가지로 나눈 키워드를 이용한다. 이 키워드 발상에 특성 열거법을 그대로 이용할 수 있다.

'정시에 퇴근하는 법'이 주제라면 이 주제의 특성을 '본인의 문제', '직장의 문제', '회사 규정의 문제' 등으로 나누어 키워드 브레인라이팅의 키워드로 삼는다.

우에노 교수의 명사적, 형용사적, 동사적 특성도 키워드 발상에 효과적이다.

키워드 브레인라이팅의 키워드는 바로 주제의 특성이기도 하므로 이 특성 열거법의 기본 틀을 그대로 활용할 수 있는 셈이다.

특성 열거법은 발상을 하는 데 매우 기본적인 기법이다. 원래는 제품의 개선, 개량의 기술적인 문제를 찾아내기 위해 개발되었다.

현재 이 사고방식을 발전시킨 것으로 밸류 엔지니어링(value engineering: 가치 분석)이라는 기법 중에 '기능 분석'이 있다. 또한 SAMM법은 이 기법과 오즈번의 체크리스트법의 기본 구조를 조합한 것이다. 기능 분석, SAMM법 모두 제품 개발 분야에서 활발히 이용되고 있다.

이처럼 특성 열거법은 브레인라이팅을 진행하는 데도 큰 도움이 된다.

어떻게 시작할지 모를 때는
체크리스트법을 써라

⊕ 강제 발상법 중에 가장 잘 알려진 것은 체크리스트법일 것이다. 여기서는 몇 가지 체크리스트를 소개하고 있다. 이 기법에 익숙해지면 자신의 업무에 맞는 체크리스트를 만들어보자.

특성 열거법은 발상의 실마리를 찾는 방법

강제 연상법의 대표적인 기법이 체크리스트법이다. 체크리스트법은 체크리스트를 이용해서 다각도에서 하나하나 해결 가능성을 생각하며, 더 좋은 아이디어를 찾아가는 것이다.

일반적으로 체크리스트라고 하면 빠진 것이 없도록 하나씩 점검하기 위한 일람표로, 누구나 흔히 이용하는 것이다. 예를 들어 '해외여행을 위한 준비물 체크리스트'가 있다. 해외에 갈 때 빠진 물건이 없는지 체크하기 위한 리스트다. 체크리스트는 이처럼 실수를 방지하기 위한 소극적 체크에 이용되는 것이 보통이다.

그런가 하면 문제 해결 아이디어를 내기 위해 새로운 관점을 찾아내는 적극적 체크리스트도 있다. 적극적 발상 체크리스트로 유명한 것이 '오즈번의 9체크리스트' 다.

발상 체크리스트의 대표주자 '오즈번 9체크리스트'

브레인스토밍을 창시한 오즈번은 발상 체크리스트를 고안한 인물이기도 하다. 바로 '오즈번의 9체크리스트' 라 불리는 것으로 다음의 아홉 가지 체크리스트를 말한다.

오즈번의 9체크리스트

1 전용 개조해서 다른 곳에 쓰는 방법은 없는가?

2 응용 다른 비슷한 것은 없는가?

3 변형 의미, 색, 형태를 변화시키면 어떨까?

4 확대 크게 하면 어떨까?

5 축소 작게 하면 어떨까?

6 대용 다른 것으로 대용할 수 있을까?

7 재배열 요소를 바꿔보면 어떨까?

8 역전 반대로 변환시키면 어떨까?

9 결합 다른 아이디어를 조합해보면 어떨까?

오즈번의 9체크리스트는 신상품 아이디어나 시스템 개선 등 비즈니스 현장에서 폭넓게 이용되고 있다.

오즈번은 이 체크리스트를 자신의 명저 《독창력을 키워라》에 소개했다. 사실 이 책에서 그는 27가지 체크리스트를 제시했다. 그런데 미국의 한 엽서회사가 이 리스트를 소개하면서 27개 항목을 9개로 축소하였다. 그리하여 현재는 아홉 가지 체크리스트가 가장 널리 사용되고 있다.

체크리스트법은 체크리스트 항목마다 강제적으로 아이디어를 비틀어 발상하기 위한 기법이다. 아이디어 구상에 빈틈이 생기지 않도록 하거나 혼자 발상할 때 유용하다.

우리는 고정관념이나 기존의 틀에 사로잡혀 발상하기 쉽다. 일반적인 사고회로에서 벗어나지 못하고 비슷비슷한 생각밖에 떠오르지 않을 때, 체크리스트법이 큰 도움이 된다. 발상의 관점을 바꾸어 지금까지 전혀 깨닫지 못했던 신선한 생각들을 불러온다.

오즈번의 체크리스트에서 마케팅 법칙을 개발하라

나는 오랫동안 새로운 마케팅 기법도 연구해왔다. 그 결과 나온 것이 《마케팅 트랜스퍼 여덟 가지 법칙》이라는 책으로, 마케터들이 상품이나 서비스를 판매하는 전략을 기획하는 데 도움을 주기 위한 것이다.

판매 전략 발상의 여덟 가지 체크리스트와 그 사례를 소개한다.

마케팅 트랜스퍼 여덟 가지 법칙과 그 실례

1 변환(어떤 층에서 다른 층으로 판매 대상을 바꾼다)

　예) 엔카 가수 히카와 기요시 → 고령자에서 젊은 층으로 대상을 바꾸어 성공했다.

2 성 전환(남성에서 여성, 여성에서 남성로 바꾼다)

　예) 남성 화장품 '제레이드' → 여성 화장품 아이템을 남성용으로 폭넓게 바꾸었다.

3 공유(처음부터 누구나 사용할 수 있도록 개발한다)

　예) 유니버설 상품 → 누구나 사용할 수 있는 부드러운 상품 개발을 추진한다.

4 복층(구입자나 사용자가 아닌 상품 또는 서비스 사용자를 위한 접근법)

　예) 감사의 선물 → 사용자가 고를 수 있도록 선택 가능한 감사 선물을 개발한다.

5 재생(젊은 시절의 추억을 나이가 든 현재 실현한다)

　예) 어린 시절 꿈이었던 피아노, 기타, 고급 오토바이가 중고생들 사이에 유행한다.

6 전생(과거의 유행을 다시 되돌린다)

예) 30여 년 전의 〈황갈색 머리의 처녀〉(드뷔시의 첫 번째 프렐류드 모
음집에 있는 작품―옮긴이) 대유행 → 옛 유행가의 리메이크 붐을
주도했다.

7 전지(轉地, 지역 한정품을 다른 지역으로 확대한다)

예) '하나마루 우동' 의 전국 체인화 → 지역 한정이었던 사누키 우동
을 전국에 진출시켰다.

8 전역(종래 판매 장소가 아닌 다른 장소에서 판매한다)

예) 오피스링코 → 상점에서 팔던 상품을 사무실에 두고 판매한다.

사실 이것들은 오즈번의 9체크리스트에서 힌트를 얻은 것이다. 따라서
비슷한 부분이 적지 않다.

'체크리스트법' 을 브레인라이팅에 활용하자

여기서 잠시 두뇌체조를 해보자. '오즈번의 9체크리스트' 를 이용하여
아홉 가지 항목마다 '……하면 어떨까?' 를 염두에 두고 '탁상 스탠드 조
명' 이라는 아이디어를 주제로 도표 5-3 〈탁상 스탠드 조명〉 아이디어 기
입란에 적어보자.

'체크리스트법' 은 체크리스트에 기초하여 강제적으로 생각하는 것이

9 체크리스트법에 도전

주제 〈 탁상 스탠드 조명 〉

항목	아이디어 기입란
전용	
응용	
변형	
확대	
축소	
대용	
재배열	
역전	
결합	
기타	

지만, 아이디어를 자유롭게 낼 수 있다. 발상 시점이 특정 방향으로 정해져 있다고 해서 생각을 딱딱하게 경직시켜서는 안 된다. 오히려 강제적으로 발상하는 것을 즐기며, 재미있는 아이디어를 많이 떠올리도록 하자. 자, 머릿속에 어떤 아이디어가 반짝이는가?

'탁상 스탠드 조명' 의 아이디어 예를 도표 5-4에서 참고해보자. 또한

'탁상 스탠드 조명' 의 아이디어 기입 예

주제 〈 탁상 스탠드 조명 〉

항목	아이디어 기입란
전용	독서대 겸용 타입
응용	북앤드형 스탠드
변형	점등하면 그 열로 향기가 나는 것
확대	바닥에 놓을 수 있도록 바퀴가 달린 스탠드
축소	목각 인형 스타일의 미니 스탠드
대용	형상기억합금을 이용하여 각도를 자유자재로 조정할 수 있는 스탠드
재배열	전구는 백열등, 형광등 모두 가능
역전	아래에도 광원이 달려 있어 무드 조명으로 활용 가능
결합	음성 인식으로 불을 켰다 껐다 할 수 있는 스위치가 부착
기타	천장에서 내려오는 스탠드
	침대에 클립으로 고정할 수 있는 스탠드

9체크리스트를 브레인라이팅에 활용하여 발상을 풍요롭게 해보자.

체크리스트법에는 9체크리스트 이외에 '상품 개발 체크리스트', '마케팅 체크리스트' 등 다양한 체크리스트법이 있다. 자신의 업무에 도움이 될 만한 체크리스트를 찾아 활용해보자.

그 밖에 자신의 체크리스트를 만들어볼 것을 권한다. 앞에서 소개한 예처럼 자신의 주제에 맞는 발상 체크리스트를 독창적으로 생각하는 것이다. 그렇게 하면 자신이 브레인라이팅의 진행자가 되었을 때 그 체크리스트를 참가자들에게 힌트로 제공할 수 있다. 물론 개인이 브레인라이팅을 할 때 자신의 체크리스트가 있다면 한층 더 유연하게 발상할 수 있을 것이다.

CHAPTER 6

'유추 발상 전략'으로
문제 해결의 힌트를 찾아내라

· · ·

유추 발상법은 주제와 관련된 유사한 예를 찾아 이를 힌트로 해서 발상하는 방법이다.

고든법, 시네틱스, NM법 등이 대표적이다.

유추 발상법은 아이디어 발상을 위한 사고법으로 활용하면 더욱 좋다.

유추 사고가 무엇인지 간단히 알아보자.

유추 발상도
브레인라이팅으로 하면 다르다

:
:

➕ 자유 연상법, 강제 연상법에 비해 유추 발상법은 우회적이라 어렵게 느껴질 수 있다. 그러나 익숙해지면 좋은 아이디어를 찾는 데 큰 도움이 되므로 꼭 익혀두도록 하자.

연상과 유추는 전혀 다르다

유추 발상법에 대해서는 97쪽에서 간단히 언급했지만, 다시 한 번 포인트를 확인해보자. 유추 발상법은 주제에 대해 유추할 수 있는 예를 찾아, 이를 힌트로 삼아 발상하는 방법이다. 유추는 유사와는 달리 단순히 형태가 비슷한 것이 아니라 본질, 즉 주제와 기본 부분, 콘셉트가 같은 것을 의미한다. 가령 기능이 비슷한 것 등이다.

예를 들어 벨크로(일명 찍찍이)라는 접착테이프는 도꼬마리라는 식물의

씨에서 힌트를 얻어 스위스의 조르주 드 메스트랄(George De Mestral)이 개발한 것이다. 도꼬마리의 열매는 작은 밤송이 같은 모양을 하고 있다. 이들은 멀리 씨를 퍼뜨리기 위해 가시 껍질로 동물 등의 몸에 쉽게 달라붙는다. 메스트랄은 이 가시 껍질에서 유추하여 짝 달라붙는 접착테이프라는 아이디어를 얻은 것이다.

한편 윌리엄 고든(William Gordon)은 유추를 이용한 기법 중에서 널리 알려져 있는 시네틱스를 고안해냈다. 그는 '창조적인 사람이 발상하는 마음가짐'으로 다음의 두 가지 사고법을 들었다.

1 이질순화(異質馴化)
2 순질이화(馴質異化)

이질순화란 '새롭게 알게 된 것을 주제에 강제적으로 연결시켜 아이디어를 발상하는' 방법이다. 그러므로 이는 강제 연상법이다.

프랜차이즈 시스템을 일본에서 처음으로 도입한 회사는 초밥 체인점이다. 한 초밥집 사장이 미국에서 편의점 세븐일레븐을 눈여겨보고 그 시스템을 자신의 회사에 활용할 수 없을까 고민한 끝에 도입한 것이다. 이질순화의 예라고 할 수 있다.

순질이화란 '잘 알고 있는 사실을 새로운 각도에서 다시 바라보며 발상하는' 방법이다. 이 발상에는 유추 발상이 많이 이용된다.

도꼬마리의 예를 통해 본다면, 산이나 들에 다녀온 후 바지에 도꼬마리가 잔뜩 붙어 있는 것을 한두 번쯤 보았을 것이다. 그러나 대부분은 메스트랄이 그랬듯이 "왜 바지에 달라붙지?" 하고 의문을 품지 않고 그냥 넘어간다. 하지만 메스트랄은 현미경을 통해 가시 껍질 끝이 둥글게 말려 있어 한번 바지에 붙으면 잘 떨어지지 않는 것을 알게 되었다. 그리고 이 가시에서 유추 발상하여 벨크로를 개발했다.

이처럼 순질이화란 알고 있다고 생각하는 사실을 새롭게 의심해보고 다른 각도에서 달리 발상해보는 사고법이다.

발상의 이질순화와 순질이화를 생활 속에서 실천해보자.

유추에는 세 가지 종류가 있다

이질순화, 순질이화를 생각해낸 고든은 유추 발상을 중요시하여 '시네틱스'라는 발상법을 고안하였다. 시네틱스는 '언뜻 보기에 전혀 관계없는 것끼리 연결시킨다'는 뜻의 그리스어에서 그가 만들어낸 것이다.

그는 미국의 대표적인 싱크탱크 아서 D. 리틀 사에서 신제품 개발의 프로세스를 연구하다 시네틱스를 고안하였다. 후에 공동개발자인 조지 프린스와 함께 독립하여 시네틱스 사를 보스턴에 설립하였다. 여담이지만 나는 이 회사를 방문하여 창조성 연구에 관해 많은 힌트를 얻은 바 있다.

시네틱스는 뒤에 소개되는 일본의 NM법과 함께 유추 발상법의 대표적인 기법으로, 서구에는 널리 알려져 있다.

시네틱스는 '문제 제시'에서 시작해서, '유추 발상', 그리고 최종적인 '해결책'을 이끌어내기까지 단계별로 실시된다.

이 유추 발상에 고든은 세 가지 사고법을 이용하였다(도표 6-1).

1 직접적 유추
2 의인적 유추
3 상징적 유추

직접적 유추란 직접적으로 비슷한 것을 힌트로 삼아 생각하는 방법이다. 예를 들어 우구(雨具)를 주제로 했을 때 물을 막는 '방수 점퍼'나 물을 튕겨내는 '누에고치' 등을 힌트로 하면 이는 직접적 유추가 된다. 잠수함은 돌고래에서 형태나 외부 소재의 힌트를 얻었다. 이처럼 직접적 유추는 누에고치나 돌고래처럼 자연계에서 힌트를 발견하는 경우가 많다.

두 번째 의인적 유추란 주제 그 자체가 되어 발상하는 방법이다. 주제 역할을 하는 사람을 정해 그에게 말을 걸고 질문을 함으로써 더 신선한 발상을 이끌어내는 식이다. 윌리엄 새커리를 비롯해 작가들 중에는 "내가 창작한 작중 인물이 혼자 제멋대로 움직였고 나는 그것을 적었을 뿐"이라고 말하는 이들이 적지 않다. 이처럼 누군가가 주제 그 자체가 되어 보는 것이 의인적 유추 발상법이다.

우구가 주제인 경우, 예를 들어 누군가 한 사람이 '우산'이 되어본다. 한가운데 앉아 양손을 벌려 마치 우산을 편 듯이 연기하는 것이다. 그러면 다른 사람들은 그에게 "우산이 펴질 때 어떤 느낌인가" 등을 물어 그 대답을 힌트로 삼아 발상한다.

1. 문제 제시

| 우산 스타일에서 탈피하여 간단하게 수납할 수 있는 신개념의 비옷 |

2. 유추 발상

	유추	도롱이벌레	누에고치	방수 점퍼
직접적 유추	힌트	위와 아래를 꼭 잡아맨다	머리에서부터 완전히 뒤집어쓰는 방식	몸에 꼭 달라붙어 비를 막는다(고무 소재)
의인적 유추	힌트	스스로 비옷이 되어본다. 이상적인 비옷을 상상하여 발상한다		
상징적 유추	상징	콤팩트 용품	선녀의 날개옷	
	힌트	주머니에 들어가는 작은 사이즈	잔주름이 생기지 않는 소재	

3. 해결책

〈헬맷식 수납 레인코트〉

모자 안쪽에 코트형 비옷을 작게 접어두었다가
사용할 때 꺼내 입을 수 있다

마지막으로 상징적 유추는 주제를 상징적으로 표현하고 이를 힌트로 발상하는 기법이다. 예를 들어 우구를 간편하게 정리하고 싶다면 '콤팩트 용품'이라 표현하여 생각나는 대로 이미지를 펼쳐간다.

또한 '선녀의 날개옷'과 같은 상상 속 물건도 상징적 유추를 할 수 있다. 그리하여 "선녀의 날개옷이 비에도 젖지 않고 하늘을 날 수 있는 이유는 무엇인가?" 하고 상상의 날개를 펼쳐 발상한다.

유추 발상법을 브레인라이팅에 활용하자

브레인라이팅에 유추 발상법을 활용해보자. 예를 들어 키워드 브레인라이팅의 키워드에 유추의 힌트를 활용한다.

'새로운 마우스'를 위한 발상에 직접적 유추로서 '팽이'나 '손오공' 등을 키워드로 삼아 발상해보면 어떨까?

유추 사고는 연상법에 비해 조금 어렵고 유추 그 자체를 찾는 데 상당한 훈련이 필요하다.

그러나 획기적인 발상 중에는 유추 발상에서 탄생한 것이 적지 않다. 수영복의 소재는 돌고래 피부가 힌트였다. 신칸센의 외형은 제트 비행기가 힌트가 되었다. 문구 회사가 만년필 클립 부분을 단단히 하기 위해 사람의 다리 모양으로 만든 예도 있다.

브레인라이팅의 발상을 풍요롭게 하기 위해서도 유추 발상법을 꼭 익혀두도록 하자.

과제를 감추는
'고든법'을 활용하라

고든법은 시네틱스의 창시자 윌리엄 고든이 창안하였다. 회의 참가자들에게 과제를 밝히지 않고 '추상적 주제'를 제시해 발상하도록 하는 방법이다. 주제가 구체적이지 않아 참가자들은 고정관념에 얽매이지 않고 참신한 아이디어를 낼 수 있다는 게 장점이다.

고든법에서 '진짜 주제'를 아는 사람은 오직 리더뿐이고 참가자들에게는 알리지 않는다.

'새 주차장'이라는 주제로 발상한다고 했을 때 참가자들에게 직접적인 주제를 제시하는 대신 '모으다'라는 별도의 주제를 제시한다. 그리고 다양한 '모으는 법'을 자유롭게 내게 한다.

리더는 첫 회의에서 가능한 한 광범위하게 아이디어를 발상할 수 있도록 참가자들을 리드한다. 그리고 다음 모임에서 진짜 주제가 '새 주차장'

임을 알리고, 앞의 회의에서 나온 유추 아이디어와 진짜 주제를 강제적으로 연결시켜 아이디어를 이끌어낸다. 결과적으로 첫 회의에서 참가자들은 주제에 관해 유추 발상을 한 셈이다.

만약 참가자들에게서 나온 유추 아이디어에 진짜 주제와 본질적으로 비슷한 예가 있다면 그 유추 아이디어를 통해 좋은 해결책을 뽑아낼 수 있을 것이다.

고든법의 실시 순서

고든법의 구체적인 진행법을 살펴보자.

1 실제 주제에서 '고든법의 주제'를 찾아낸다

실제 주제가 '새 잔디깎이 기계'라고 한다면 고든법의 주제는 '나누다'로 한다. 실제 주제가 '문'이라면 '열다', '장난감'이라면 '놀다' 등의 고든법 주제를 제시한다.

2 제1회의를 실시한다

그러면 '잔디깎이'를 예로 고든법의 진행 방식을 살펴보자(우에노 이치로 저, 《경영의 지혜》 상권).

❶ 리더가 고든법의 주제를 참가자들에게 제시한다.

리더: "여러 가지 '나누는 법'에 대해 생각해주십시오."

❷ 참가자들은 '나누는 법'에 대해 다양하게 발상하여 아이디어를 내
놓는다.

참가자 : "원심력으로 액체에서 고체를 분리하는 것이지요."

리더 : "빙글빙글 돌려서 분리하는군요."

참가자 : "용접공이 가스버너로 금속을 잘라냅니다."

리더 : "열로 나누는군요."

3 제2회의를 실시한다

제2회의에서는 리더가 참가자들에게 진짜 주제를 제시하고, 참가자들
은 제1회의 아이디어를 그 주제에 연결시켜 해결책을 발상한다.

❶ '원심력'의 힌트에서 '회전문식 착상'을 얻는다.

❷ '가스버너'에서 '열선으로 잔디를 태워서 자르는 착상'을 얻는다.

이처럼 진짜 주제의 최종적인 해결책을 생각해 나간다.

고든법으로 고정관념을 깨라

고든법은 처음에 진짜 주제를 알려주지 않는 것이 가장 큰 특징이다.
본 주제를 알지 못하기 때문에 참가자들은 자유롭게 발상할 수 있다. '고
든법의 주제'가 제대로 적중만 하면 대단히 효과적인 발상이 나올 수 있
다. 고든법의 주제가 대개 추상적이라 고정관념에 사로잡히지 않고 비약

적인 발상이 나올 가능성이 높기 때문이다.

마케팅 분야의 발상에 고든법을 활용할 수도 있다. 예를 들어 '새로운 이벤트'를 구상하면서 '흥분'이나 '폭발'을 주제로 발상하는 식이다. 또한 '세탁기 네이밍'의 경우 '정적', '회전'을 주제로 할 수 있겠다.

브레인라이팅에서도 적극적으로 활용할 수 있는 발상법이다. 가령 키워드 브레인라이팅에서 다음과 같이 적용할 수 있다. '새로운 주차장'에 대한 아이디어를 찾는다고 하자. 키워드 브레인라이팅의 제1회의에서는 진짜 주제를 알려주지 않고 키워드에 '저축하다', '모으다', '시간 제한' 등과 같은 추상적인 개념만 알려준다. 시트에도 실제 주제를 적지 않고 '신상품 X' 식으로 감춰둔 채 참가자들이 각 키워드를 보고 자유롭게 발상하도록 한다.

그리고 제2회의에서 진짜 주제가 '새로운 주차장'임을 알리고 제1회의에서 발상한 아이디어를 '주차장'에 강제적으로 연결시켜 신선한 발상을 촉구한다.

그러나 고든법은 리더의 역량에 따라 결과가 크게 좌우되고, 참가자들은 진짜 과제가 무엇인지 모르기 때문에 불만이 쌓일 수 있다. 이 같은 단점을 극복하기 위해 다음과 같은 '고든법 변형'을 생각해볼 수 있다.

- 참가자들에게 진짜 주제를 알려주되 키워드를 활용하여 발상하게 한다.
- 참가자의 절반에게는 사전에 진짜 주제를 알려주고 브레인라이팅 시트에는 주제를 적지 않은 채 발상한다.

- 제1회의와 제2회의 구성원을 달리해서 발상한다.

진짜 주제를 밝히지 않고 발상하는 고든법은 내가 개인적으로도 매우 좋아하는 독특한 발상법이다. 브레인라이팅에서도 적극적으로 활용해보길 바란다.

유추 발상법의 왕도
'NM법'에서 배워라

⋮

NM법은 일본에서 탄생한 기법으로 유추 발상법의 왕도라고도 할 수 있는 기법이다. 언제 어디서든 간단하게 활용할 수 있으므로 한번 도전해보자.

'NM법'은 매우 간편한 유추 발상법

NM법은 창조공학연구소 소장인 나카야마 마사카즈 선생이 고안한 기법이다.

나는 일찍이 나카야마 마사카즈 선생에게 많은 도움을 받은 바 있다. 산노 대학에서 창조성 강좌를 맡았을 때는 여러모로 지도를 받았다. 평소 발상이 매우 기발하여 NM법을 지도할 때도 "술을 마시면서 하는 것이 머리가 부드럽게 잘 돌아간다"며 실제로 함께 술을 마시기도 했다. 지금보다 훨씬 여유롭던 시절이었다.

NM법이라는 이름은 나카야마 선생의 영문 머리글자(N:나카야마, M:마사카즈)를 딴 것이다. NM법은 유추 발상법이므로, 주제를 생각할 때 먼저 주제의 본질을 키워드로 나타낸다. 예를 들어 '새로운 쓰레기통'이라고 한다면 '모으다', '담다'와 같은 키워드가 나올 수 있다.

그런 다음 키워드에서 주제의 유추 예를 생각해낸다. 키워드가 '모으다'일 경우 물을 모으는 것을 연상하여 '댐'을, 키워드가 '담다'일 경우에는 '보자기' 등의 예를 유추해낸다.

그리고 각 유추 예를 기본으로 아이디어를 발상한다. 즉 쓰레기통과 댐, 쓰레기통과 보자기를 연결시켜 문제 해결책을 발상하는 것이다.

댐을 힌트로 생각해보자. 쓰레기통은 위로 쓰레기를 버리고 거꾸로 들어서 쓰레기를 쏟아낸다. 그러나 댐은 남은 물을 아래쪽에서 방수한다. 따라서 쓰레기통의 쓰레기를 거꾸로 뒤집어서 버리는 것이 아니라 댐처럼 '아래로 쓰레기를 배출하는 쓰레기통'의 아이디어를 생각해낼 수 있다.

보자기를 힌트로 한 경우에는 쓰레기통에 미리 비닐봉지를 넣어두었다가 보자기처럼 '쓰레기를 싸서 깔끔하게 버리는 쓰레기통'의 아이디어를 낼 수도 있다.

생각하는 힘을 획기적으로 키우는 방법

'새로운 전기포트 개발'이라는 주제를 가지고 NM법의 진행 방식을 구체적으로 살펴보자(도표 6-2).

NM법의 실시 순서

1 주제의 키워드를 찾는다

키워드를 생각할 때 주제의 본질이 무엇인지를 충분히 고려하는 것이 중요하다. 본질을 파악하지 않으면 좋은 유추를 할 수 없다. 키워드의 대부분은 동사나 형용사다. 키워드는 가능한 한 많이 내서 그중에서 제대로 골라내도록 하자.

도표 6-2의 '새로운 전기포트 개발'에서는 전기포트의 본질이라고 할 수 있는 '붓다'와 '데우다'를 키워드로 삼았다.

2 키워드에서 적절한 '유추 예'를 찾는다

'유추 예' 찾기는 매우 중요하다. 키워드에 못지않게 유추 예가 적절하지 않으면 좋은 발상을 기대할 수 없다.

유추 예를 찾을 때 주제에 너무 근접해서는 안 되고 가급적 떨어진 예를 찾아내는 것이 중요하다. '붓다'에서 '수도' 등을 유추해낸다면 뻔한 발상밖에 나오지 않을 것이다. 주제에 너무 가깝기 때문이다. 유추 예와 주제가 떨어져 있으면 고정관념에서 벗어난 재미있는 발상을 할 수 있다.

구체적으로는 '붓다', '데우다'의 키워드에서 '예를 들면 ……처럼' 하는 식으로 주제에 연결시켜 유추 예를 찾아낸다.

여기서는 '붓다'에서 '세계의 폭포'와 '방수차', '데우다'에서는 '마그마'와 '펠리컨의 알 품기'를 유추 예로 들었다.

앞에서도 언급했지만 자연계는 유추의 예가 엄청나게 숨어 있는 보고

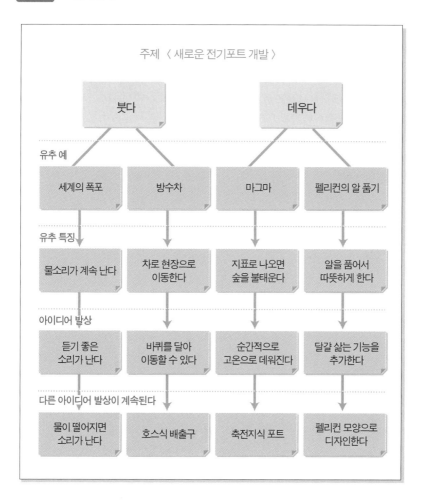

주제 〈 새로운 전기포트 개발 〉

다. 자연에는 몇 십억 년 동안 축적된 노하우가 그대로 녹아 있다. 도표 6-2의 예시에서도 역시 폭포나 마그마, 펠리컨 등 자연물이 많이 나왔다.

3 유추 예에서 '유추 특징'을 찾는다

다음은 유추 특징을 찾는 단계다. '세계의 폭포'나 '방수차' 등의 특징은 무엇인지, 그 구조는 어떻고, 어떤 상태인지 다양한 유추 예를 특징으로 찾아낸다. '폭포 소리가 연속적으로 들린다', '차로 현장까지 이동한다' 등의 특징을 잡아냈다.

4 유추 특징을 주제에 강제적으로 연결시켜 아이디어를 발산한다

마지막으로 아이디어를 내는 단계다. 구체적으로는 유추해낸 특징을 주제와 연결시키면 어떤지 생각해내는 것이다. '폭포 소리가 연속적으로 들린다'를 주제에 연결시켜 '좋은 소리가 나는 전기포트'를 생각해냈다. 또한 '차로 현장까지 이동한다'는 특징에서 힌트를 얻어 '바퀴가 달린 이동식 전기포트'를 발상하였다.

이처럼 NM법은 절차가 대단히 명확하다. 익숙해지면 반드시 순서대로 하지 않아도 유추 발상을 손쉽게 할 수 있다. 발상을 넓히고 사고의 유연성을 키우는 훈련으로도 활용할 수 있다. 나카야마 선생은 내게 "NM법은 발상법에 그치지 않고 사고 훈련법으로 이용하면 좋다"고 말한 적이 있다.

NM법은 키워드 브레인라이팅의 키워드를 찾아낼 때 중요한 힌트를 제공해준다. 키워드 브레인라이팅은 키워드가 생명이므로 NM법을 적극 활용해보자.

키워드에 유추 예를 직접 사용하여 키워드 브레인라이팅을 할 수도 있다. '새로운 전기포트 개발'의 경우 키워드를 '마그마'나 '방수차'로 해서 아이디어를 이끌어내는 식이다.

PART 3

아이디어 더미에서 필요한
해답을 추려내는 정리의 전략

브레인라이팅을 실시하는 것 못지않게 중요한 것이 제시된 아이디어들을 정리하는 것이다. 정리 방법을 '수속법' 이라고 하는데, 공간형법, 계열형법, 평가법, 세 가지가 있다. 우선 세 가지 방식의 차이를 이해하고 브레인라이팅의 정리에 활용해보도록 하자.

CHAPTER 7

발상보다 중요한 것은
핵심을 골라내는 '정리 과정'

브레인라이팅은 창조적인 문제 해결을 위한 여러 단계 중 발상법으로 이용된다.

문제가 발생했을 때 창조적인 해법을 찾기 위한 첫 번째 포인트는

문제 파악과 과제 해결 단계를 확실히 나누는 것이다.

두 번째 포인트는 발상법과 수속법을 이용하는 것이다.

그리고 정리를 위한 수속법은 공간형법, 계열형법, 평가법의 세 가지 방식으로 나뉜다.

아이디어를 창조적으로
정리하는 두 가지 포인트

⊕ 창조적인 문제 해결에서 중요한 포인트가 두 가지 있다. 제1포인트는 '문제 파악'과 '과제 해결' 단계를 확실히 나누는 것이다. 그리고 제2포인트는 '발상법'과 '수속법'을 활용하는 것이다.

제1포인트, 문제 파악과 과제 해결을 나눈다

문제에 부딪혔을 때 우리는 보통 "자, 어떻게 해결할까?" 하고 해결 수단을 생각하는 데만 집중한다. 그러나 정확한 사실이나 원인을 명확히 하지 않고 분별없이 달려든다면 적절한 해결책을 찾기 힘들다. 문제 파악과 과제 해결을 나누는, 즉 문제 해결의 각 단계에서 주제를 구별하여 발상하는 것이 중요하다.

문제가 중요하면 중요할수록 각 단계의 순서를 확실하게 밟아서 진행하는 것이 필수적이다. 창조적인 문제 해결의 순서에 대해서는 2장에서도 밝혔지만, 나는 이를 여섯 가지 단계로 나눈다. 그리고 각 단계를 크게 '문제 파악 스테이지' 와 '과제 해결 스테이지' 로 나눈다.

집단 문제 해결의 2스테이지와 6단계

1. 문제 파악 스테이지

1 문제 설정 단계(문제점을 명확하게 정의한다)

2 문제 파악 단계(문제점을 확실하게 파악한다)

2. 과제 해결 스테이지

1 과제 설정 단계(해결해야 할 과제를 정한다)

2 과제 해결 단계(해결책과 해결 순서를 정한다)

3 종합 평가 단계(해결책을 검토하고 평가한다)

4 해결 행동 단계(해결책을 착실하게 실행한다)

제1포인트는 우선 문제 파악과 과제 해결의 두 스테이지를 명확하게 나누는 것이다. 두 스테이지의 성격이 완전히 다르기 때문이다.

우선 다루는 대상이 다르다. 문제 파악 스테이지에서 다루는 것은 '문제의 사실이나 원인' 이다. 이 스테이지에서는 우선 문제를 파악하고 문제에 관련된 사실을 모으며, 그런 다음 문제가 발생한 원인을 찾는다. 한편 문제 해결 스테이지에서 다루는 것은 '문제 해결 아이디어' 다. 원래 아이디어에는 공상이나 꿈까지 포함되므로, 문제 파악 스테이지에서 다루는 사실이나 원인과는 확연한 차이가 있다.

문제 파악과 과제 해결 스테이지의 또 다른 차이는 마음가짐이다. 문제 파악 스테이지에서는 세세한 사실이나 원인을 '세심하게' 분석하고, 중요한 문제점을 찾아내는 태도가 요구된다. 한편 과제 해결 스테이지에서는 '대담하게' 발상하는 의식이 중요하다. 문제 해결을 추진하는 사람이 각 스테이지에 임할 때는 마음가짐까지 바꿀 필요가 있다.

이처럼 문제 해결을 할 때는 '문제 파악'과 '과제 해결'의 스테이지를 명확하게 나누는 것을 잊지 말자.

그럼 각 단계를 자세히 살펴보도록 하자. 문제 해결을 진행하는 데는 스테이지와 마찬가지로 6단계를 명확하게 구분하는 것이 중요하다. 브레인라이팅의 주제는 단계에 따라 달라진다.

6단계 중 첫 번째는 문제 설정이다. 흔히 문제가 무엇인지 정의할 수 있다면 문제는 이미 해결된 것이나 마찬가지라고 말한다. 이 단계에서는 브레인라이팅을 통해 '문제가 무엇인가'를 발상하고 구체적인 문제를 정하는 것이 중요하다.

직장 연수 자주 다루게 되는 단골 주제 중 하나가 '사내 커뮤니케이션이 원활하지 않다'는 것이다. 그러나 이런 식으로 문제 설정을 해서는 안 된다. '본사와 지사와의 연락이 긴밀하게 이루어지지 않는다'든지 '상사와 부하직원 사이에 일상적인 대화가 부족하다' 혹은 '사원의 의견이 윗사람에게 잘 전달되지 않는다' 등과 같이 구체적이어야 한다. 우선 브레인라이팅을 통해 구체적인 주제를 확실하게 찾아내도록 하자.

두 번째는 문제 파악 단계다. 이는 문제와 관련된 모든 사실이나 원인 등을 들춰내서 문제를 분석하는 절차다. 문제란 본래 되었어야 할 상태와 현재 상태와의 갭으로 정의할 수 있다. 따라서 문제 파악 단계는 '본래 되었어야 할 모습과 현재 상황과의 갭'이 발생한 이유가 무엇인지를 찾는 것이라고도 할 수 있다.

구체적으로는 브레인라이팅을 통해 '이것은 무엇이 문제일까?'에 대한 의견을 자유롭게 낸다. 브레인라이팅이 크게 활약하는 단계다.

문제점에는 그 문제의 사실이나 원인이 포함된다. 여기서 문제에 관한 사실을 직접적이든 간접적이든 폭넓게 발상한다. 그리고 이들 사실에서 문제의 진짜 원인을 찾아나간다. 이처럼 문제의 핵심이 되는 사실이나 원인 등 '중요한 문제점을 찾아내는 것'이 문제 파악 단계다.

그리하여 중요한 문제점을 찾아냈다면 드디어 해결 단계로 나아간다. 해결해야 할 과제를 정하는 것이 과제 설정 단계다. 문제 설정에서는 '-이다'라는 현상형으로 표현되지만, 과제 설정에서는 '-한다'라는 해결형으로 나타난다.

'과제 설정'에서도 브레인라이팅이 활약한다. 해결해야 할 과제를 중요한 문제점 속에서 뽑아내거나 문제가 해결된 이상적인 상태를 미리 상정해두는 등 브레인라이팅을 통해 차례차례 선정하여 평가를 거친 뒤 최종 의제를 결정한다.

과제 설정을 한 다음에는 '과제 해결' 단계가 된다. 여기서는 우선 해결에 도움이 될 만한 모든 아이디어를 브레인라이팅으로 발상한다. 이 단계도 문제 파악에서와 마찬가지로 브레인라이팅이 크게 활약한다. 브레인라이팅에서 나온 아이디어를 기초로 전체 구상을 하고, 이를 평가하고 구체적인 해결안을 찾는다. 그런 다음에 해결 절차를 생각한다. 여기서도 브레인라이팅을 이용하여 '어떤 작업을 할까'를 모색할 수 있다. 이처럼 문제 해결 단계를 세분하면 전체 구상, 구체적인 방책, 해결 절차의 세 가지 흐름이 된다.

문제 해결책이 정리되었다면 '종합 평가' 단계로 진행한다. 이 해결책은 현실적으로 가능한지, 독자성이 있는지, 시간이나 비용 등의 제약 조건을 충족시키는지를 폭넓게 검토하고 평가한다.

마지막으로 '해결 행동' 단계다. 실제 과제 해결책을 실행해보면 불편한 점이나 예상외의 상황이 발생하는 경우가 많다. 그렇다면 재빨리 이 문제점을 수정 · 개선하고, 새롭게 실시해보아야 한다.

이처럼 브레인라이팅은 창조적 문제 해결의 각 단계마다 활용된다. 이때 각 단계에서 브레인라이팅의 주제를 명확히 나누는 것이 중요하다.

제2포인트, 발상법과 수속법을 활용한다

앞에서 말했듯이 창조적인 회의에서는 발상과 정리를 따로 하는 것이 중요하다. 즉 발산 사고와 수속 사고를 분리해야 한다. 사고가 나뉘듯 문제 해결 '기법'도 나누어진다.

나는 문제 해결 기법을 약 20여 년 전에 네 가지로 나누었다. 현재 이 4

분류법은 창조성 연구자들 사이에서 분류 방식의 정석이 되었다. 나는 학창 시절부터 문제 해결에 관한 기법을 수집해왔는데, 어느새 300여 종에 이르렀다. 그러던 중 1983년에 한 출판사로부터 그것을 책으로 내보자는 제안이 들어왔다. 그래서 그중 100개의 기법을 선별하여 《창조 개발 기법 핸드북》이라는 책으로 엮어냈다.

이때 문제 해결 기법의 분류 방법을 다각도로 분석했는데, 그 결과 사고 종류에 기초해서 정리하는 것이 최적이라는 결론에 이르렀다. 그래서 길포드 사고 모델에 따라서 문제 해결법을 먼저 발산 기법(發散技法)과 수속 기법(收束技法), 두 가지로 나누었다.

이 책에서는 알기 쉽게 설명하기 위해 발산 기법을 '발상법', 수속 기법을 '수속법'이라 부르겠다.

1 발상법 발산 사고를 이용해 사실이나 아이디어를 내는 사고법
2 수속법 발산 사고를 통해 나온 사실이나 아이디어를 정리하는 기법

그러나 이 두 가지 분류에 포함시키기 어려운 기법이 있다.

첫 번째 그룹은 한 기법 속에 발산과 수속, 두 가지 사고가 함께 포함되어 있어서 발상법과 수속법 어느 쪽으로도 분류할 수 없는 경우다. 나는 이들을 '종합 기법'이라 이름 붙였다.

두 번째 그룹은 문제 해결보다 '문제 해결의 마음가짐', 즉 '창조적 태도를 몸에 익히기 위한' 기법의 그룹이다. 이것에는 '태도 기법'이라 이

도표 7-1 발상법과 수속법

1. 발상법(사실이나 아이디어를 얻기 위한 기법)

자유 연상법
(사실이나 아이디어를 얻기 위한 기법)
— 브레인스토밍
— 브레인라이팅
— 마인드맵

강제 연상법
(여러 가지 힌트를 강제적으로 연결시켜 발상한다)
— 특성 열거법
— 체크리스트법

유추 발상법
(주제의 본질과 비슷한 것을 힌트 삼아 발상한다)
— 고든법
— NM법
— 시네틱스

2. 수속법(발상법으로 도출한 사실이나 아이디어를 정리하는 기법)

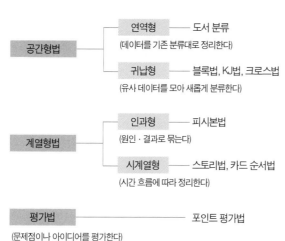

공간형법
연역형 — 도서 분류
(데이터를 기존 분류대로 정리한다)
귀납형 — 블록법, KJ법, 크로스법
(유사 데이터를 모아 새롭게 분류한다)

계열형법
인과형 — 피시본법
(원인 · 결과로 묶는다)
시계열형 — 스토리법, 카드 순서법
(시간 흐름에 따라 정리한다)

평가법 ——————— 포인트 평가법
(문제점이나 아이디어를 평가한다)

름 붙였다.

　이처럼 나는 문제 해결 기법을 크게 네 가지로 나누었다. 브레인라이팅은 물론 발상법이고, 그중에서도 자유 연상법이다. 이제까지는 브레인라이팅을 비롯해 여러 가지 발상법에 대해 논의했다.

　브레인라이팅으로 발상한 다음에는 그 후의 수속(정리)을 어떻게 하면 좋을지를 생각해봐야 한다. 아무리 좋은 아이디어가 나왔더라도 이를 잘 정리하고 최선의 해결책을 이끌어내지 못하면 아무런 소용이 없다. 그러기 위해서는 아이디어 수속 작업이 불가결하다. 다음에서 소개하는 수속법을 잘 이해하여 그 활용법을 숙지하도록 하자.

　도표 7-1은 문제 해결 기법의 주요한 분류인 발상법과 수속법에 속하는 대표적인 기법들을 정리한 것이다.

큰 그림을 파악하고
핵심 줄기를 짚어내라

⊕ 브레인라이팅에서 발상한 아이디어를 정리하는 기술인 '수속법'은 발상법의 반대편에 위치한 기법이다. 즉 브레인라이팅과 같은 발상법을 통해 나온 아이디어를 수속법으로 정리하는 것이다. 따라서 발상법을 통해 문제를 파악한 다음에는 수속법으로 넘어가는 흐름으로 진행된다.

공간형법과 계열형법

정리의 기술인 수속법은 크게 공간형법과 계열형법으로 나눌 수 있다. 전개 이미지는 도표 7-2와 같다.

공간형법이란 발상법을 통해 모은 정보를 내용이 비슷한 것끼리 모으는 방법이다.

한편 계열형법은 정보를 흐름에 따라 정리하는 방식이다. 비슷한 것을

수속법의 두 가지 분류

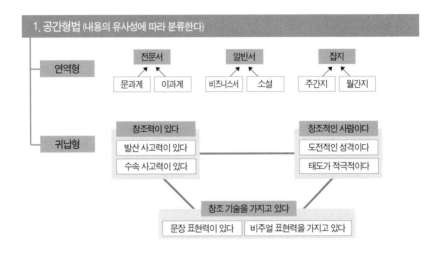

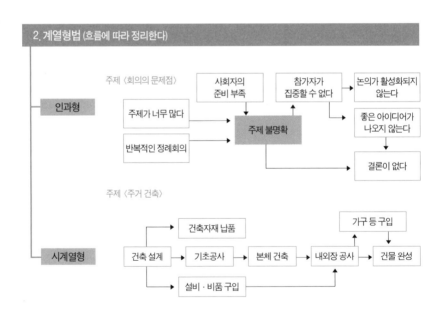

모으는 것이 아니라 어떤 근거에 의해 흐름을 파악하여 정리하는 것이다.

예를 들어 당신이 어떤 주제에 관한 정보를 모은다고 하자. 당신은 매일 신문을 읽고 주제에 관련된 기사를 오려내어 스크랩한다. 보통은 이들 기사를 내용별로 나누어 파일링할 것이다. 그런가 하면 일주일 단위로 상자에 넣어두는 사람도 있다. 시간별로 구분하는 것이 나중에 떠올리기 쉽기 때문이다. 이처럼 내용별로 나누는 방식은 공간형법이고, 시간에 따라 나누는 방식은 계열형법이다.

수속법의 마지막 분류는 '평가법'이다. 정보를 정리할 때는 기본적으로 공간형법과 계열형법을 이용하지만 공간형법이나 계열형법을 활용하지 않고 바로 평가를 내려 결정하는 경우도 있다. 평가법은 그럴 때 도움이 된다.

공간형법 : 연역과 귀납으로 아이디어를 정리하라

공간형법 수속법을 자세히 들여다보면 '연역형'과 '귀납형'으로 나눌수 있다(도표 7-2).

연역은 원칙에서 특정 사실을 도출하는 것이고, 귀납은 역으로 구체적 사실에서 원칙을 끌어내는 것이다. 좀 더 알기 쉽게 설명해보자.

우선 연역형은 '정보를 미리 정해놓은 분류에 따라 모으는' 방식이다. 한편 귀납형은 '정보를 비슷한 것끼리 모아서, 쌓아올린 방식에 따라 새로운 분류를 창조해내는' 방식이다.

책을 예로 들어보자. 도서관에서는 책들을 일정하게 정해진 도서 분류 방식에 따라 모아둔다. 서점에서도 분야별로 책을 진열해 쉽게 찾을 수 있도록 되어 있다. 단행본은 아동서, 가정, 비즈니스서 등으로 나뉘어 있고 잡지는 주간지, 스포츠지, 비즈니스지 등으로 분류되어 있다. 이것은 정보를 미리 정해놓은 분류에 따라 모아놓은 방식이므로 연역형의 정리법이라 볼 수 있다.

한편 업무에서 다양한 자료를 구분할 때는 어떨까? 대개는 내용이 비슷한 자료끼리 분류해 파일링할 것이다. 머릿속에 일정한 분류 방식이 있어 이에 따라 나누게 되는 것이다. 이러한 정리 방식은 '정보를 비슷한 것끼리 모아 쌓아가는 방식을 통해 새로운 분류를 만들어내는' 것이므로 귀납형이라고 할 수 있다.

창조적인 문제 해결에서는 귀납형을 더 많이 사용한다. 이는 창조적 문제, 즉 앞이 잘 보이지 않는 문제에 대해서는 이미 정해진 방식이 없고, 설령 있다 하더라도 시류에 맞지 않을 가능성이 높기 때문이다. 따라서 기존 개념을 타파하는 자유롭고 신선한 발상이 요구된다.

그렇다고 해서 연역형이 이용되지 않는 것은 아니다. 정보를 일정한 상위 개념에 따라 정리하면 시간을 단축할 수 있다. 따라서 양자를 유연하게 사용하는 것이 중요하다.

계열형법 : 논리적 인과, 시간적 순서로 정리하라

다음으로 계열형법을 살펴보자. 앞에서도 말했듯이 계열형법의 수속 방식은 정보를 '흐름'에 따라 정리하는 것이다. 그 흐름을 크게 나누면 인과의 흐름이거나 시간의 흐름, 둘 중 하나가 된다(도표 7-2).

예를 들어 문제점을 찾아내기 위해서는 원인과 결과가 어떻게 되는지, 인과 사고를 하게 된다. '아이들의 집단 따돌림'이 어떤 원인으로 일어났는지를 생각할 때는 가정환경, 교우관계, 교사의 조치 등 다양한 각도에서 살펴보고 그 인과를 찾아내게 된다. 이처럼 사실을 어떤 원인에서 발생한 것이라 보고 인과 흐름을 해명하는 방식이 인과형이다.

한편 '업무 스케줄'의 경우는 시계열 흐름이 될 것이다. 'A작업' 다음에는 'B작업'을 하고, 동시에 'C와 D작업'을 실시하는 식으로 스케줄을 정한다. 시계열형 기법이 적용되는 경우다.

발상 직후에 바로 평가하는
'포인트 평가법'

:
:

브레인라이팅으로 발상한 후 곧바로 평가를 해야 할 때가 있다. 이럴 때 수속법의 하나인 평가법을 활용하면 유용하다.

특히 평가법 중에서도 제한된 시간 내에 바로 평가를 내리는 '포인트 평가법'을 추천한다. 내가 고안한 방법이다.

포인트 평가법은 전원의 생각을 활용한다

브레인라이팅을 끝내고 바로 결론을 내고 싶을 때는 모두에게 어떤 아이디어가 좋은지 의견을 구하고 토론 방식으로 결론을 이끌어내는 게 보통이다.

그러나 처음부터 바로 토의에 들어가면 윗사람이나 목소리가 큰 사람에 의해 분위기가 좌우되거나 한 사람 한 사람의 의견을 파악하지 못한

채 끝나버릴 수 있다.

나는 우선 전원의 의견을 듣고 그룹으로 결론을 내는 것이 좋다고 생각한다. 이는 단순히 그것이 민주적 방식이라서가 아니라 그렇게 하면 숨은 의견이 잘 보이기 때문이다. 그리하여 고안해낸 것이 포인트 평가법이다. 포인트 평가법은 난상토론 방식보다 시간도 절약할 수 있다.

포인트 평가법의 실시 순서

1 참가자 전원이 각기 다른 색 사인펜을 준비한다

2 각자 6점씩 점수를 가진다

3 모든 아이디어에 한 사람 한 사람이 배점을 생각한다

점수 배점은 특정 의견에 치우치지 않도록 하기 위해 아이디어 하나에 3점 이상 넘지 않도록 규정하고, 나머지는 자유롭게 한다. 이렇게 하면 2개의 아이디어에 투표하는 사람에서부터 6개의 아이디어에 골고루 점수를 주는 사람까지 나오게 된다.

4 사인펜으로 점수를 매긴 아이디어에 점(·)을 찍는다

예를 들어 3점이면 '· · ·'이 된다.

5 투표 결과를 집계하여 각 아이디어에 합계 점수를 기입한다

6 각자 자신이 배점한 근거를 발표한다

7 참가자 전원이 그룹을 지어 결론을 도출하기 위해 토의에 들어간다

이상이 포인트 평가법의 방식이다. 이 평가법의 장점은 각자가 배점을

함으로써 한 사람 한 사람이 평가에 대한 자각이 생긴다는 것과, 전원의 의견이 반영된다는 것이다.

아이디어 평가의 기준은 독자성과 구체성

앞에서 언급한 바 있는 길포드는 '창조성 테스트'도 고안하였다. 창조성 테스트의 예는, "우유병의 사용법을 3분간 생각나는 대로 적어보자"와 같은 식이다. 즉 발상력이 어느 정도인지를 알아보는 것이다.

길포드는 이 창조성 테스트의 평가 기준을 다음 네 가지로 정리하였다.

길포드의 창조성 테스트 평가 기준

1 유창성

2 유연성

3 독자성

4 구체성

유창성이란 발상의 속도를 말하는 것으로 제한된 시간 내에 얼마나 많은 아이디어를 냈는가 하는 것이 기준이다. 유연성은 발상의 폭을 말하며, 얼마나 넓은 각도에서 아이디어가 나왔는지가 기준이다. 발산 사고에서는 이 유창성과 유연성이 중요하다. 이는 발산 사고의 다섯 가지 룰에 '대량 발상'과 '다각 발상'이 포함되는 것으로도 확인할 수 있다. 아이디어를 낼 때는 이처럼 다방면에서 많이 내는 것이 중요하다.

다음으로 아이디어가 좋은 것인지 아닌지, 즉 개별 아이디어에 대한 평가 기준이 되는 것은 독자성과 구체성이다. 아이디어는 우선 독자성이 있어야 한다. 어디에서나 흔히 볼 수 있는 평범한 아이디어는 아무 의미가 없다. 또한 아이디어는 구체성이 필수적이다. 설령 깜짝 놀랄 만한 아이디어라 하더라도 추상적이고 실현 가능성이 없다면 채택될 수 없기 때문이다.

따라서 포인트 평가법으로 평가할 때는 독자성과 구체성의 기준을 염두에 두고 실시하는 것이 중요하다.

포인트 평가법, 200퍼센트 능숙한 사용법

나는 포인트 평가법을 자주 사용한다. 그 경험을 통해 얻은 성공적 활용 방법을 정리해보았다.

우선 아이디어를 선택할 때는 번뜩 느낌이 오는 것을 중시한다. 너무 이론적인 생각에 얽매이지 않을 때 좋은 아이디어를 발견할 가능성이 높다. 포인트 평가법에서 아이디어 선택의 포인트는 다음과 같다.

아이디어 선택의 포인트

1 모든 아이디어를 빠짐없이 훑어본다

2 주제의 아이디어로서 독자성과 구체성이 있는지 따져본다

3 선택한 아이디어의 중요도를 판단하여 점수를 매긴다

한편 아이디어를 고르는 동안 2차 발상이 떠오르기도 한다. 2차 발상이란 최초 발상, 즉 1차 발상의 아이디어를 검토할 때 새롭게 떠오르는 아이디어를 말한다. 그렇다면 이 2차 발상의 방법에 대해서도 포인트를 짚어보자.

2차 발상의 포인트

1 어떤 아이디어와 다른 아이디어가 연결될 수 있는지 생각한다

2 어떤 아이디어가 더욱 구체적으로 될 수 있는지 생각한다

3 어떤 아이디어를 보면서 이것과 뭔가를 연결하여 새로운 것을 생각해낸다

2차 발상으로도 추가 아이디어를 많이 내도록 하자. 이와 같이 포인트 평가법은 브레인라이팅의 아이디어를 신속히 정리하는 데 매우 편리한 기법이다.

CHAPTER 8

큰 그림을 확실하게
보여주는 공간형 전략

- - -

수속법인 '공간형법'에는 블록법, KJ법, 크로스법, 세 가지가 있다.
대량의 데이터를 정리할 때는 블록법, 상세하게 정리하고 싶다면 KJ법,
정리와 평가를 동시에 할 때는 크로스법이 효과적이다.
각 기법의 특징을 파악하여 브레인라이팅에 활용해보자(161페이지, 도표 7-1 참조).

시간이 부족하다면
블록법으로 정리하라

브레인라이팅을 실시하면 많은 아이디어들이 쏟아져 나온다. 대량의 아이디어를 정리하는 데 편리한 기법이 바로 블록법이다. 이것은 다음 장에 소개하는 KJ법에서 힌트를 얻어 내가 독자적으로 고안한 방법이다. 아이디어 카드를 한꺼번에 덩어리(블록) 상태로 정리한다는 의미에서 블록법이라는 이름을 붙였다.

아이디어를 일시에 정리하는 데는 블록법이 최적

블록법은 집단으로 실시하기에 적합하다. 각 구성원이 힘을 합하여 단시간에 정리할 수 있기 때문이다.

블록법을 진행하는 방법은 다음과 같다.

집단 블록법의 실시 순서

브레인라이팅의 발상이 끝났다면 이번에는 블록법이 나설 차례다.

1 리더를 정한다

2 브레인라이팅과 같은 구성원으로, 책상은 ㅁ자형으로 한다

3 용지와 포스트잇을 준비한다

A4용지는 인원수만큼, B4용지는 5~6장, 포스트잇(2.5×7.5cm)은 핑크색 30장, 노란색 50장을 준비한다.

4 각자 발상을 적은 브레인라이팅 시트를 제출한다

5 각자 내용이 비슷한 포스트잇끼리 모은다

각 참가자들은 비슷한 내용이 적힌 포스트잇끼리 모아 A4용지에 붙인다. 단, 하나의 그룹(내용이 비슷한 포스트잇 군)은 5장을 넘지 않는 것이 좋다.

6 B4용지 4~5장을 책상 한가운데 놓는다

7 첫 번째 사람이 자신이 정리한 그룹을 내놓는다

우선 사회자 왼쪽 옆에 앉은 사람이 자신이 정리한 1그룹을 보여주며, 그 내용이 무엇인지 설명하고 정중앙의 B4용지에 이 그룹의 포스트잇을 놓는다.

8 앞에 나온 그룹과 비슷한 내용이 적힌 포스트잇을 내놓는다

1그룹의 내용과 비슷한 포스트잇을 가진 구성원들도 함께 포스트잇을 내고, 하나의 포스트잇 군으로 정리한다. 자기가 가진 포스트잇을 낼 때는 그 내용을 모두에게 읽어준다.

9 포스트잇 군의 제목을 정한다

포스트잇 첫 그룹의 제목을 정하고 핑크색 포스트잇에 적어 해당 그룹 위에 붙인다.

10 두 번째 사람이 자신이 정리한 그룹을 내놓는다

두 번째 사람이 자신이 가지고 있는 그룹의 내용을 읽은 후 내놓는다. 다른 참가자도 동일한 내용의 포스트잇을 골라 내놓으면 전원이 함께 제목을 정한다.

11 이와 같은 방식으로 모든 아이디어를 정리한다

12 어느 쪽에도 분류하기 어려운 아이디어는 '기타' 항목으로 정리한다

13 도중에 새로운 아이디어가 떠오르면 노란색 포스트잇에 기입한다

14 모든 포스트잇을 B4용지에 정리하여 붙인다

한 그룹에 묶이는 포스트잇이 너무 많으면 정리하는 의미가 없으므로 한 그룹당 10장 이내로 제한한다.

개인 블록법의 실시 순서

브레인라이팅으로 발상이 끝났다면 블록법을 실시한다. 기본적으로는 집단 블록법과 동일하다.

1 용지와 포스트잇을 준비한다

B4용지 5~6장, 포스트잇(2.5 × 7.5cm) 핑크색 20장, 노란색 30장을 준

비한다.

2 내용이 비슷한 포스트잇끼리 모은 다음 B4용지에 붙인다

모든 포스트잇을 찬찬히 잘 살펴보면서 내용이 비슷한 것끼리 모아 B4용지에 붙인다. 한 그룹(내용이 비슷한 포스트잇 군)은 10장 이내로 한다.

3 그룹에 제목을 정해 핑크색 포스트잇에 기입하여 붙인다

각 그룹의 제목을 핑크색 포스트잇에 적어 해당 그룹 위에 붙인다.

4 같은 방식으로 모든 포스트잇이 정리될 때까지 계속한다

5 분류하기 어려운 포스트잇은 '기타' 항목으로 분류한다

6 정리하다가 떠오르는 생각이 있으면 노란색 포스트잇에 기입하여 붙인다

7 모든 포스트잇을 B4용지에 정리하여 붙인다

블록법은 300장의 포스트잇을 30분 만에 정리할 수 있는 속공 수속법

300장의 포스트잇이라도 블록법을 이용하면 4~6명의 참가자가 단 30분 만에 정리할 수 있다. 블록법은 신속하게 데이터를 정리하는 최적의 기법이라고 할 수 있다.

우리 연구소에서는 블록법을 네이밍이나 상품기획 회의에 자주 활용한다. 앞에서도 말했지만 나는 아이디어를 어떻게 정리할지 오랜 시간 고민해왔다. 그래서 'KJ식'으로 정리하는 방법을 궁리했다. 그런데 KJ법은 모든 포스트잇을 함께 훑어보고 전원이 정리하는 것이다 보니 100장 정도의 포스트잇을 정리하는 데 무려 3시간이나 걸린다. 이래서는 곤란하다. 때문에 포스트잇이 1,000장이 된다고 해도 참가자 5명이 200장씩 분

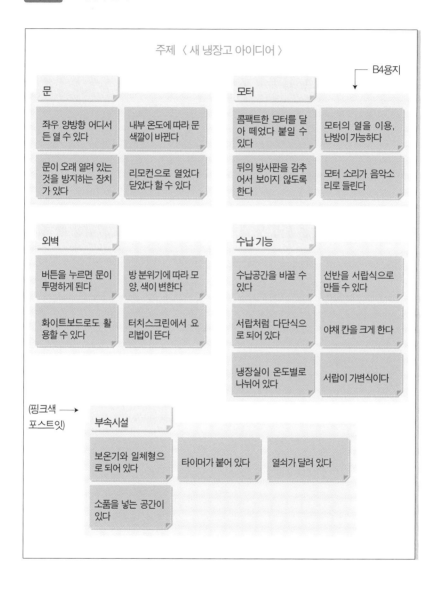

주제 〈 새 냉장고 아이디어 〉

B4용지

문

| 좌우 양방향 어디서든 열 수 있다 | 내부 온도에 따라 문 색깔이 바뀐다 |
| 문이 오래 열려 있는 것을 방지하는 장치가 있다 | 리모컨으로 열었다 닫았다 할 수 있다 |

모터

| 콤팩트한 모터를 달아 떼었다 붙일 수 있다 | 모터의 열을 이용, 난방이 가능하다 |
| 뒤의 방사판을 감추어서 보이지 않도록 한다 | 모터 소리가 음악소리로 들린다 |

외벽

| 버튼을 누르면 문이 투명하게 된다 | 방 분위기에 따라 모양, 색이 변한다 |
| 화이트보드로도 활용할 수 있다 | 터치스크린에서 요리법이 뜬다 |

수납 기능

수납공간을 바꿀 수 있다	선반을 서랍식으로 만들 수 있다
서랍처럼 다단식으로 되어 있다	야채 칸을 크게 한다
냉장실이 온도별로 나뉘어 있다	서랍이 가변식이다

(핑크색 포스트잇)

부속시설

| 보온기와 일체형으로 되어 있다 | 타이머가 붙어 있다 | 열쇠가 달려 있다 |
| 소품을 넣는 공간이 있다 | | |

담한다면 시간이 단축될 것이라 생각했다. 이렇게 해서 만들어낸 것이 블록법이다.

도표 8-1은 도표 3-3(72쪽)의 브레인라이팅 결과를 블록법으로 정리한 것이다.

상품 개발이나 캐치프레이즈의 발상은 한 시간에 몇 백 개의 아이디어가 나올 수도 있다. 이럴 때 '블록법'을 활용하면 편리하다.

포인트 평가법으로 단번에 평가를 하는 방법도 있다. 그러나 아이디어가 어떤 장르에서 나왔는지, 누락된 관점은 없는지 등 발상을 체크하기 위해서도 정리 시간은 반드시 필요하다. 또한 기획서를 정리할 때 어떤 아이디어가 어떤 범위에서 나왔는지에 대해 상대를 설득하기 위해서도 이는 매우 중요하다.

현재 우리 회사에서는 블록법을 모든 기획 작업에 활용하고 있다.

꼼꼼히 정리하고 싶다면
KJ법이 해답이다

:
:

➕ KJ법은 꼼꼼히 아이디어를 정리하고 전체상을 파악하는 데 좋다. 문제 파악 스테이지에서 문제점을 정리하거나 과제 해결 스테이지에서 어떤 아이디어가 나왔는지 파악하는 데 이용하면 그 위력을 충분히 확인할 수 있을 것이다.

KJ법은 문제 해결을 위한 대표적인 기법

KJ법은 문화인류학자인 가와키타 지로(도쿄 고교 대학 명예교수)가 현지 조사의 연구 결과를 정리하기 위해 고안한 기법이다.

KJ법이라는 명칭은 일본 최초의 창조성 연구단체인 일본 독창성협회에서 가와키타(K) 지로(J)라는 영문 이름의 첫 알파벳을 딴 것으로 나와 동료들이 붙인 것이다.

이 기법은 다양한 현장 데이터나 정보, 여러 사람들의 다양한 의견 등을 카드에 기입하고 데이터가 가진 의미를 파악하여 내용이 본질적으로 비슷한 것을 집약하고 거기에서 새로운 가설을 발견하는 것이다.

학문 연구 방법으로 고안된 것이지만 기업의 문제 해결에도 널리 응용되고 있다. 현재 KJ법은 비즈니스 세계를 비롯해 교육 현장 등에서도 다양하게 활용되면서 대표적인 문제 해결법이 되었다.

KJ법은 아이디어를 내는 것에서부터 정리 단계까지 포괄하는 기법이다. 이 기법의 가장 큰 특징은 수속에 있으므로 나는 이를 수속법으로 분류하고 있다.

내용이 본질적으로 비슷한 아이디어를 모아라

KJ법은 혼자서도 가능하지만, 여러 명이 하면 더 큰 힘을 발휘한다. KJ법을 실시하는 순서를 알아보자.

KJ법의 실시 순서

1 주제를 정한다

우선 주제를 명확히 하고 목적을 분명히 하는 것이 중요하다. 여기서는 '창조적 기업 만들기' 라는 막연한 예를 제시하였다(도표 8-2). KJ법은 이런 막연한 주제를 일목요연하게 정리하는 장점이 있다.

2 A3용지, 포스트잇을 준비한다

주제 〈 창조적 기업 만들기 〉

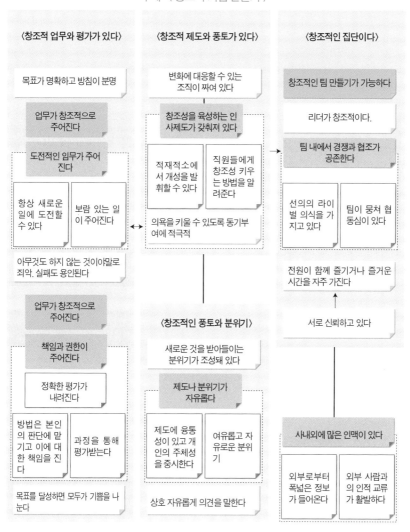

〈창조적 업무와 평가가 있다〉

목표가 명확하고 방침이 분명

업무가 창조적으로 주어진다

도전적인 임무가 주어진다

항상 새로운 일에 도전할 수 있다

보람 있는 일이 주어진다

아무것도 하지 않는 것이야말로 죄악. 실패도 용인된다

업무가 창조적으로 주어진다

책임과 권한이 주어진다

정확한 평가가 내려진다

방법은 본인의 판단에 맡기고 이에 대한 책임을 진다

과정을 통해 평가받는다

목표를 달성하면 모두가 기쁨을 나눈다

〈창조적 제도와 풍토가 있다〉

변화에 대응할 수 있는 조직이 짜여 있다

창조성을 육성하는 인사제도가 갖춰져 있다

적재적소에서 개성을 발휘할 수 있다

직원들에게 창조성 키우는 방법을 알려준다

의욕을 키울 수 있도록 동기부여에 적극적

〈창조적인 풍토와 분위기〉

새로운 것을 받아들이는 분위기가 조성돼 있다

제도나 분위기가 자유롭다

제도에 융통성이 있고 개인의 주체성을 중시한다

여유롭고 자유로운 분위기

상호 자유롭게 의견을 말한다

〈창조적인 집단이다〉

창조적인 팀 만들기가 가능하다

리더가 창조적이다.

팀 내에서 경쟁과 협조가 공존한다

선의의 라이벌 의식을 가지고 있다

팀이 뭉쳐 협동심이 있다

전원이 함께 즐기거나 즐거운 시간을 자주 가진다

서로 신뢰하고 있다

사내외에 많은 인맥이 있다

외부로부터 폭넓은 정보가 들어온다

외부 사람과의 인적 교류가 활발하다

A3용지 1장, 포스트잇(2.5 × 7.5cm) 핑크색 30장, 파란색 20장, 노란색 200장을 준비한다.

3 브레인라이팅으로 아이디어를 낸다

KJ법을 활용하려면 브레인라이팅으로 아이디어를 모으는 것이 간편하다. 포스트잇 한 장에 아이디어 하나를 적는 것을 원칙으로 한다. 참가자들은 각자 떠오르는 아이디어를 포스트잇에 기입한다. 이때 아이디어는 구체적일수록 좋다.

4 포스트잇을 소그룹으로 나눈다

브레인라이팅이 끝나면 비슷한 내용의 포스트잇을 5~6장씩 모은다. 이것을 소그룹이라 한다. 어떤 소그룹에도 속하지 않는 포스트잇은 단독 카드로 남겨둔다.

또한 내용을 분류할 때 새롭게 떠오르는 아이디어가 있으면 바로 노란색 포스트잇에 기입하여 추가한다.

5 각 소그룹에 제목을 붙인다

이렇게 해서 모은 소그룹에 제목을 붙인다. 이때 주의해야 할 점은 다음과 같다.

❶ 제목은 내용의 요점을 확실히 보여주는 것이어야 한다.

❷ 제목이 내용 일부만을 표현하지 않도록 주의한다.

❸ 제목은 간단하게 표현한다.

❹ 다른 소그룹 제목과 중복되지 않도록 한다.

6 다시 중·대그룹으로 정리하고, 제목을 붙인다

제목을 붙이는 과정이 끝났다면 제2의 정리 작업에 들어간다. 요령은 전과 동일하게 소그룹이나 단독 카드를 중그룹으로 정리한 다음 제목을 붙이는 것이다.

중그룹의 제목을 파란색 포스트잇에 기입한 다음 중그룹 포스트잇 군의 맨 위에 붙인다.

다시 중그룹을 정리하여 대그룹으로 통합하고, 제목을 붙인다. 이렇게 해서 최종적으로 10개 이내의 그룹으로 정리한다.

7 아이디어 관계도를 작성하고 종료한다

마무리된 몇 개의 대그룹이나 포함되지 못한 중·소그룹, 단독 카드는 근친성을 고려하여 카테고리별로 A3용지에 배치한다.

작업이 끝나면 이를 A3용지에 붙인 뒤 그룹별로 나누어 선으로 묶거나, 그룹 간 관계에 따라 화살표(→, ⇒, ⇔ 등)를 그리고, 주요 그룹의 무리끼리 사선으로 엮는다.

이와 같이 분류한 아이디어들 간의 관계를 명확히 하고, 아이디어 관련도를 작성한다. 아이디어 관련도를 통해 문제의 본질을 한눈에 파악할 수 있고 확실하게 정리하게 되어 해결책을 찾기가 쉽다.

KJ법으로 남김없이 확실히 정리한다

KJ법은 문제의 전체상이 확실하지 않을 때, 중요한 문제를 찾아내는 데 효과적이다. 또한 팀원들의 생각이 정리되지 않을 때 전체 의견을 모아 이들 의견이 어떤 관계를 이루는지 서로 이해하는 데도 도움이 된다. 즉 문제의 전체상을 파악하는 데 대단히 효과적이다.

나아가서 이 기법은 문제 해결 단계에서 해결 아이디어를 정리하는 수법으로도 이용할 수 있다. 많은 아이디어를 어떻게 정리해야 할지 갈피를 잡기 어려울 때 이를 활용하면 잡다한 아이디어가 정리되고, 방향성이 보인다.

발산과 수속을 반복하여 공간형 도형으로 정리하는 KJ법의 응용 분야는 대단히 넓다. 브레인라이팅의 발상을 정리하는 데 효과적인 기법이다.

일석삼조의 효과를 누리는
크로스법

:
:
•

⊕ 브레인라이팅으로 발상한 아이디어를 정리하는 수속법으로 크로스법이 있다. 발상한 아이디어 정리와 평가를 한꺼번에 할 수 있는 우수한 기법으로 내가 개발한 기법 중 하나다.

아이디어의 수속과 평가를 빠르게 해낸다

크로스법은 미국 경영 컨설턴트인 칼 그레고리가 고안한 '세븐 크로스 세븐법(7×7법)'에서 힌트를 얻어 고안한 것이다.

우선 '7×7법'에 대해 간단히 알아보자. 세로 7줄, 가로 7줄, 총 49칸으로 나누어진 보드와 그 안에 들어가는 크기의 카드를 준비한다. 그리고 카드에 차례차례 아이디어를 기입한다. 카드가 다 완성되면, 내용별로 7개 이내의 카드 군으로 분류한다. 그리고 7개 카드 군을 중요도가 높은 순으로 보드 맨 위 왼쪽부터 오른쪽으로 배치한다. 그런 다음 카드군 안의 개별 카드를 중요한 순서대로 위에서 아래로 7줄 이내로 붙인다. 카드가 7장 이상인 경우는 같은 내용의 카드를 겹쳐 붙이거나 중요하지 않은 카드는 제외한다. 카드가 왼쪽에 있을수록, 또한 위쪽에 있을수록 중요한 아이디어다.

이처럼 7×7법은 아이디어를 신속하게 정리하는 데 매우 효과적이지만 49개로 나뉜 보드판을 준비해야 하는 번거로움이 있다.

그 때문에 나는 보드 대신 A4용지로 만든 크로스법 시트(도표 8-3)를, 카드 대신 포스트잇을 이용하는 방법을 생각해냈다. 또한 반드시 가로 세

도표 8-3 크로스법 시트

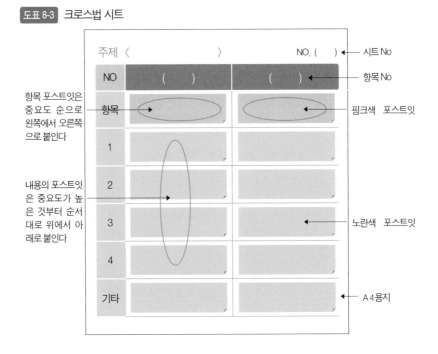

도표 8-4 크로스법의 실례

NO	(1) 사전 준비	(2) 전화 거는 법
주제 〈 전화를 3분 안에 끝내는 방법 〉		NO. (1)
항목	사전 준비	전화 거는 법
1	요점을 메모한다	우선 일방적으로 말한다
2	팩스를 활용한다	간단명료하게 이야기한다
3	시계를 준비한다	정리하여 이야기한다
4	5W1H에 따라 말한다	3분 이내에 끊는다
기타	메모지를 준비한다	상대에게 맞는 대화법을 실시한다

주제
〈 전화를 3분 안에 끝내는 방법 〉

NO	(3) 교육 훈련
항목	교육 훈련
1	3분간 짧게 말하는 연습을 한다
2	강습회를 활용한다
3	대화를 위한 매뉴얼을 만든다
4	빨리 말하는 연습을 한다
기타	말을 잘하는 사람의 이야기를 듣는다

로 7개로 할 필요가 없이 자유롭게 했다. 이렇게 해서 세로 칸과 가로 칸의 크로스로 수속과 평가를 동시에 하는 크로스법을 고안해냈다. A4용지를 이용함으로써 정리한 내용을 나중에 카피할 수 있고, 다른 멤버에게 배포하거나 보관하는 데도 대단히 편리하다.

크로스법의 원활한 진행법

'전화를 3분 안에 끝내는 방법'이라는 주제를 가지고 진행 방식을 구체적으로 살펴보자. 이미 브레인스토밍을 통해 아이디어 발상이 끝났다고 전제한다(도표 8-4).

크로스법의 실시 순서

1 리더와 멤버를 정한다

참가자는 5~6인으로 하고 그중에서 리더를 정한다.

2 크로스법 시트를 준비한다

크로스법 시트를 10장, 핑크색 포스트잇(2.5 × 7.5cm) 20장, 노란색 포스트잇 50장을 준비한다.

3 그룹으로 정리한다

모든 포스트잇을 내용이 비슷한 것끼리 모은다. 1그룹은 10장 이내로 하고, 주제와 아이디어 수에 따라 5~15개 그룹으로 정리한다. 어떤 그룹에도 속하지 않는 포스트잇은 기타 항목으로 분류한다.

4 그룹에 제목을 붙인다

그룹에는 포스트잇 군을 적절히 나타내는 제목을 붙여 핑크색 포스트잇에 기입한다.

5 각 그룹의 중요도를 정해 크로스법 시트의 왼쪽에서 오른쪽으로 배치한다

크로스법 시트의 항목란에 중요한 그룹 순으로 왼쪽에서 오른쪽으로 핑크색 포스트잇을 붙여간다.

예를 들어 사전 준비→전화 거는 법 →교육 훈련의 순이 된다. 항목명이 많다면 크로스법 시트를 몇 장 이용한다.

6 각 그룹 내 중요도 순서에 따라 포스트잇을 시트 위에서 아래로 붙여나간다

예에서 볼 수 있듯 왼쪽 끝 항목인 사전 준비에서는 '요점을……→팩스를……→시계를……→5W1H……' 의 순서가 된다.

마찬가지로 다른 항목도 그룹 내 순위에 따라 정리한다.

7 추가 포스트잇을 기입한다

이때 정리하는 것이 좋겠다 싶은 포스트잇이나 다시 적을 필요가 있는 내용은 노란색 포스트잇에 기입해둔다. 새롭게 발상한 아이디어도 노란색 포스트잇에 적은 다음 붙인다.

8 주제 등을 기입한다

모든 크로스법 시트에 주제와 시트 번호, 항목 번호를 기입하면 완성이다.

이처럼 크로스법에서는 시트의 왼쪽, 그리고 위에 있는 포스트잇일수록 중요한 카드가 된다.

게임을 하듯 재미있게 즐겨라

크로스법은 정리와 평가를 동시에 실시할 수 있는 기법이다. 정리된 시트의 왼쪽, 그리고 위쪽에 있는 아이디어일수록 중요하다. 이 아이디어를 참고하여 기획서 등을 작성하면 도움이 된다.

브레인라이팅으로 발상하여 바로 크로스법으로 정리할 경우 발상에서 평가까지 한 시간 반 만에 가능하다. 시간적으로도 대단히 효율적인 기법이다. 또한 게임하듯 팀을 만들어 즐겁게 기획 작업을 할 수 있다.

어쨌든 크로스법이라면 브레인라이팅 발상을 기초로 하여 다양한 문제 해결을 효과적이고 집중적으로 할 수 있다.

CHAPTER 9

사고의 흐름을 명쾌하게
정리하는 계열형 전략

. . .

문제 찾기나 기획서 작성 등 흐름에 따라 정리할 때 이용하는 것이 '계열형법' 이다.
이번 장에서는 피시본법, 스토리법, 카드 순서법의 세 가지를 알아보자.
문제점을 파악하고 싶다면 피시본법이, 문서 작성에는 스토리법이,
기획서 작성에는 카드 순서법이 적당하다(161쪽, 도표 7-1 참조).

'피시본법'으로
문제의 원인을 추려내라

⋮

➕ 피시본이란 '생선뼈'라는 뜻이다. 이 기법을 통해 정리된 구조가 생선뼈와 비슷해서 붙여진 이름이다. 피시본법의 발상도 브레인라이팅과 조합하여 얼마든지 활용할 수 있다. 문제점을 쉽게 찾아낼 수 있고 시각적이고 친숙한 피시본법을 소개한다.

피시본법은 문제의 주요 요소들을 부각시킨다

피시본법은 주제와 관련된 다양한 요소를 세세하게 분해한다. 우선 주제를 발상할 때는 브레인라이팅을 이용한다. 그리고 더 이상은 분해할 수 없을 때까지 요인들을 세세히 끄집어내어 모든 요인을 피시본 구조로 만든다. 이렇게 하면 중요한 요인이 무엇인지가 분명해진다.

피시본법은 주제의 중요한 요인을 찾기 위한 기법이므로 문제 파악 스테이지에 해당하는 기법이라고도 할 수 있다.

피시본법은 일본에서 품질관리 TQC법의 대표적인 기법으로 자리 잡았다. 특히 불량품을 없애거나 개선하고 싶은 문제점들을 정리할 때 효과적이다.

피시본법에서는 주제를 오른쪽 끝에 적은 뒤, 이 주제를 향해 왼쪽에서 화살표를 하나 긋는다. 이것이 '큰 뼈'라 불리는 선이다. 다음엔 가로 선을 사이에 두고 위아래로 비스듬하게 몇 개의 화살표를 다시 그린다. 이것이 '중간 뼈'다. 그리고 이 사선의 좌우로 수평의 화살표를 몇 개 그린다. 이것은 '가는 뼈'다.

도표 9-1 피시본법의 '생선뼈'

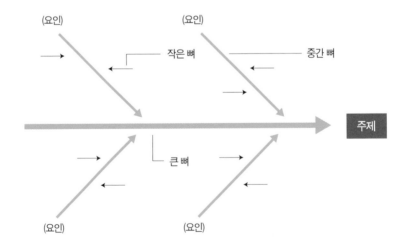

'큰 뼈'에서 나온 '중간 뼈'는 주제의 주요한 요인을 보여주는 선으로, 그 끝에 요인의 내용을 적는다. '중간 뼈'에서 나온 '가는 뼈'는 각 주요 요소의 개별 요인을 보여주는 화살표다. 이렇게 해서 주제를 분석한다(도표 9-1).

피시본법을 통해 원인 규명이 되었다면 그다음에는 그 요인의 해결책을 브레인라이팅으로 발상하여 블록법 등으로 정리한 뒤 구체적인 문제 해결에 들어간다.

피시본법에도 브레인라이팅을 이용하면 대단히 편리

'왜 비정규직이 늘어나는가?'라는 주제에 대해 브레인라이팅을 활용한 '피시본법'의 진행 과정을 구체적으로 설명해보았다(도표 9-2).

피시본법의 실시 순서

1 종이와 포스트잇을 준비한다

A3용지 2장, 포스트잇(2.5 × 7.5cm) 핑크색 20장, 노란색 50장을 준비하자. A3용지를 사용하면 완성본을 복사할 수 있어서 편리하다. 우선은 종이를 길게 책상 위에 펼친다.

2 주제를 종이의 오른쪽 끝 정중앙에 적는다

'왜 비정규직이 늘어나는가?'라는 주제를 종이 오른쪽 끝에 적고 그 글자를 사각으로 두른다. 이 주제를 향해 왼쪽으로 가로로 길게 화살표를

주제 〈 왜 비정규직이 늘어나는가? 〉

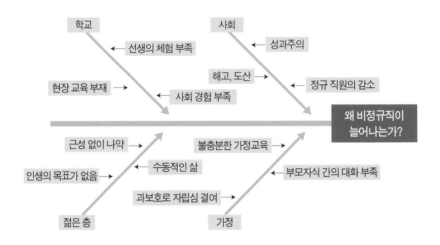

굿는다. 이 수평 화살표가 큰 뼈다.

3 주제의 주요 요인을 모두 뽑아낸다

브레인라이팅으로 주제의 주요 요인을 다각적으로 생각해낸다. '왜 비정규직이 늘어나는가?' 라는 주제에서 주요한 요인이라 판단되는 것을 핑크색 포스트잇에 적는다.

4 주요 요인을 뽑아내서 중간 뼈대를 결정한다

카드 속에서 중요하다고 여겨지는 요인을 뽑아낸다. 예에서는 '사회',

'학교', '가정', '젊은 층'이 선택되었다. 각 포스트잇을 중간 뼈 끝에 붙인다.

5 각 중간 뼈에서 파생하는 작은 요인을 포스트잇에 기입하여 가는 뼈 끝에 붙인다

가는 뼈 요인 찾기에는 키워드 브레인라이팅을 활용한다. 키워드 브레인라이팅의 키워드에 중간 뼈의 주요 요인을 기입한다. 그리고 가는 뼈에 위치할 개별 요인을 키워드 브레인라이팅으로 발상한다.

발상이 끝나면 주요한 포스트잇을 뽑아내어 이를 가는 뼈 → 뒤에 붙인다.

6 전체 도면을 잘 분석하여 주요 요인을 찾아낸다

도면 전체를 훑어보면서 주제의 요인을 분석한다. 만약 부족한 요인이 눈에 띄면 그 자리에서 추가하여 전체상을 완성한다.

그리고 전체상을 충분히 검토하여 가장 중요한 요인(예를 들면 '가정')을 뽑아내 해결책 검토에 들어간다.

브레인라이팅은 피시본법의 발상과 찰떡궁합

주제가 막연한 경우에도 피시본법을 이용하면 충분히 파악·분석할 수 있으며, 선택된 주요 요소를 통해 주제의 문제점을 명확하게 짚어낼 수 있다. 이처럼 피시본법은 문제의 배경이나 상황을 한눈에 볼 수 있고, 모두 쉽게 납득할 수 있어서 비즈니스에서 널리 활용되고 있다.

또한 피시본법에서는 통상의 브레인라이팅이나 카드 브레인라이팅을 활용함으로써 다각적인 발상이 가능하고, 주제의 문제점을 폭넓게 찾아낼 수 있다. 그 결과 밝혀진 문제점은 다시 브레인라이팅을 통해 해결 아이디어를 얻을 수 있다.

원고 작성에는
'스토리법'이 최고

스토리법은 문장을 쓸 때나 연설을 위한 초벌원고 작성, 기획서 작성 등에 유용한 기법이다. 우선은 브레인라이팅으로 문장이나 연설 내용을 발상한다. 그리고 이것을 스토리법으로 정리한다.

스토리법은 주제에 관한 사실이나 아이디어를 논리 흐름이나 순서에 따라 정리하는 기법으로, 내가 처음 고안하였다. 나는 논문이나 책을 집필할 때 반드시 이 기법을 활용한다. 익숙해지면 대단히 편리하다.

스토리법은 흐름에 따라 정리하는 기법

'홈파티 기획안'의 예를 통해 스토리법의 구체적인 방법을 알아보자. 아이디어는 브레인라이팅을 통해 발상한다(도표 9-3, 9-4).

스토리법의 실시 순서

1 시트를 준비한다

B4용지를 2~3장 준비하고, 세로로 3등분하여 접는다.

2 '주요 행동', '내용이나 예', '보충이나 상세 설명'과 같은 항목명을 기입한다

3등분한 시트 맨 위에 왼쪽부터 '주요 행동', '내용이나 예', '보충이나 상세 설명'과 같은 세 가지 항목명을 기입한다. 아이디어를 이들 세 항목으로 나누어 정리하기 위해서다.

3 '주요 행동'이 되는 아이디어를 뽑는다

먼저 브레인라이팅에서 나온 아이디어(도표 9-3)를 충분히 검토한 뒤 그중에서 홈파티의 기본 흐름(스토리)이 되는 아이디어를 뽑아내 B4용지의 '주요 행동'란 위에서 아래로 붙인다. 물론 이 단계에서 좋은 아이디어가 떠올랐다면 포스트잇에 적어 함께 붙인다.

'주요 행동'란에 들어갈 포스트잇을 다 붙였다면 전체를 보고 실시 순서 등을 고려하여 위아래에 재배치한다.

4 '내용이나 예'가 되는 아이디어를 배치한다

'주요 행동'의 포스트잇 각각에 연관된 구체적인 아이디어나 사례를 찾아낸다. 생각나는 것이 있으면 새로 추가하여 주요 행동 오른쪽의 '내

주제 〈 홈파티 기획안 〉

각자 먹을 것이나 음료수를 지참한다	전원이 명찰을 단다	좌석 배치는 남녀가 골고루 섞이도록 남녀남녀의 순서로 한다	장소는 가급적 큰 집을 이용한다
전원 편안한 복장을 한다	파티의 사회자를 정해둔다	디지털카메라로 사진을 찍으며 즐긴다	가족 동반으로 즐긴다
파티의 기획위원을 정한다	회비는 1인당 2,000엔으로 한다	각자 쓰지 않는 물건들을 가져와서 벼룩시장을 연다	노래대회를 개최한다
각자 지인을 한 명씩 데려온다	BGM을 튼다	편을 나누어 게임을 한다	각자 1분간 자기 PR시간을 가진다
5인씩 팀을 나눈다	룰렛, 주사위놀이 등을 준비한다	빙고게임을 한다	가장파티를 한다

용과 예' 란에 붙인다.

5 '보충이나 상세 설명' 이 되는 아이디어를 붙인다

'주요 행동' 의 세부 내용이나 상세한 설명, 또는 참고할 아이디어 포스트잇은 '보충이나 상세 설명' 란에 붙인다.

6 아이디어를 추가 · 삭제한다

반복하여 말하지만 아이디어를 정리해가는 도중에 새로운 아이디어가 떠올랐다면 다른 포스트잇에 적어 해당란에 추가한다. 내 경험에 따르면 포스트잇이 많을수록 결과가 좋다.

또한 최초 발상한 아이디어를 모두 사용하지 않아도 상관없다. 스토리 내용을 충실하게 만들기 위해서는 불필요한 아이디어를 과감하게 버려야 한다.

7 아이디어와 아이디어의 관계를 기호로 연결한다

필요한 아이디어를 모두 배치했다면 아이디어와 아이디어 사이에 다음과 같은 기호를 넣어 연관성을 명확히 한다.

- 흐름을 보여줄 때 : →
- 병행하는 작업을 나타낼 때 : =
- 관련 내용일 때 : −

이렇게 해서 홈파티의 기획안이 완성된다. 복잡하고 제각각이었던 아이디어가 기승전결이나 시간, 논리 등의 흐름에 따라 정리된다.

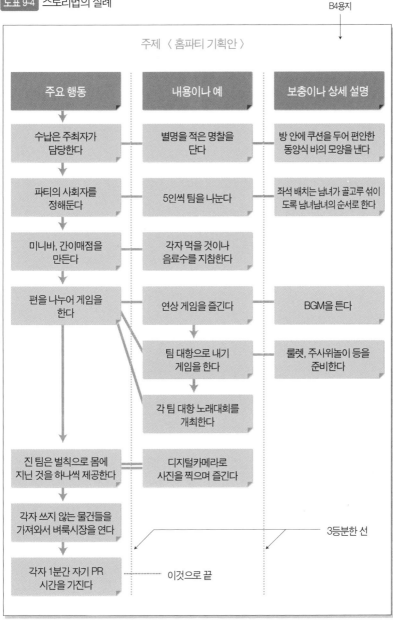

B4용지

주제 〈 홈파티 기획안 〉

주요 행동	내용이나 예	보충이나 상세 설명
수납은 주최자가 담당한다	별명을 적은 명찰을 단다	방 안에 쿠션을 두어 편안한 동양식 바의 모양을 낸다
파티의 사회자를 정해둔다	5인씩 팀을 나눈다	좌석 배치는 남녀가 골고루 섞이도록 남녀남녀의 순서로 한다
미니바, 간이매점을 만든다	각자 먹을 것이나 음료수를 지참한다	
편을 나누어 게임을 한다	연상 게임을 즐긴다	BGM을 튼다
	팀 대항으로 내기 게임을 한다	룰렛, 주사위놀이 등을 준비한다
	각 팀 대항 노래대회를 개최한다	
진 팀은 벌칙으로 몸에 지닌 것을 하나씩 제공한다	디지털카메라로 사진을 찍으며 즐긴다	
각자 쓰지 않는 물건들을 가져와서 벼룩시장을 연다		3등분한 선
각자 1분간 자기 PR 시간을 가진다	이것으로 끝	

스토리법을 문장이나 연설 원고 작성에 활용해보자

스토리법은 문장이나 연설 원고 작성에도 바로 활용할 수 있다. 스토리법은 발상한 아이디어를 자유롭게 뽑아내고, 포스트잇을 쉽게 옮겨 정리할 수 있기 때문이다.

나는 원고를 쓸 때 항상 스토리법을 활용한다. 우선 브레인라이팅으로 주제에 관해 자유롭게 발상한다. 그리고 이 스토리법으로 어떤 흐름으로 적을지, 어떤 예를 들지, 어디까지 범위를 넓힐지 등을 생각하면서 전체상을 그려본다.

강연을 부탁받은 경우에도 스토리법을 사용한다. 나는 주로 브레인라이팅을 내용 발상에 활용하는데, 신칸센 안이나 이동 중에도 떠오르는 내용을 무작위로 포스트잇에 적어둔다. 이렇게 해서 포스트잇이 많이 모이면 스토리법으로 정리한다.

논문을 쓸 때도 유용하다. 여러 문헌을 읽고 참고할 만한 내용을 포스트잇에 기입해둔다. 그 포스트잇에는 반드시 문헌 번호와 페이지 수를 기입한다.

예를 들어 《발상의 순간》이라는 책의 44쪽에 있는 "애거서 크리스티는 목욕탕에서 사과를 먹으면서 소설의 트릭을 고안하였다"는 내용을 참고한다고 하자. 책의 문헌 번호가 11이라면 그 내용을 적은 포스트잇 오른쪽 하단에 '11-44'라고 적는다. 그리고 나는 인용한 페이지에 도서 넘버 11이라 기입한 뒤 복사를 해둔다. 논문을 쓸 때는 참고문헌의 내용이 기입된 포스트잇을 활용하여 스토리법으로 논문의 전체 흐름을 정리한다.

그 후 참고문헌 복사물을 스토리법 시트 흐름에 따라 순서대로 정리한다. 논문은 스토리법 시트와 문헌 복사물을 컴퓨터 가까이에 두고 작성해 나간다.

또한 스토리법은 스케줄을 짜거나 이벤트를 기획할 때도 편리하다. 특히 캠페인 기획서 작성 등에 활용하면 좋다.

진행 방법을 익히는 것이 다소 번거로울 수 있지만, 직접 해보면 생각보다 간단하다. 실제로 글쓰기를 두려워하는 많은 대학생들이 내게 스토리법을 배운 뒤 실력이 크게 향상된 경우를 많이 보았다. 스토리법은 익숙해지면 오히려 그 과정이 즐겁게 느껴진다. 정리하는 도중에 자신도 놀랄 정도로 재미있는 아이디어가 많이 쏟아져 나오는 것도 경험할 수 있다.

스토리법은 혼자서 곰곰이 생각할 때도 좋지만, 여럿이 함께 시끌벅적하게 상의하면서 작전을 세울 때도 유용하다. 브레인라이팅으로 발상하고 스토리법으로 정리하는 방법을 꼭 익혀두도록 하자.

계획을 손쉽게 정리하고 싶다면
'카드 순서법'을 활용하라

．
．
．

'카드 순서법'은 계획 기법 PERT를 단순화한 스케줄 관리 기법이다. 브레인라이팅을 통해 제시된 계획의 세부적인 사항들을 모두 나열한 뒤 이를 카드 순서법으로 정리하면 계획 전체가 한눈에 들어오고 각 작업을 빠짐없이 진행할 수 있다. 이 기법은 내가 간단한 기획법으로 고안한 것이다.

카드 순서법은 계획 기법 'PERT법'을 변형시킨 기법

다양한 프로젝트를 저비용으로 빠르고 효과적으로 실시할 수 있는 스케줄 관리 기법이 'PERT(Program Evaluation & Review Technique)법'이다. 이는 수속 기법으로, 시간의 흐름에 따라 데이터를 정리하는 시계열 형법의 하나다. 미국 국방성이 원자력 잠수함 계획 일정 관리 기법으로 개발하여, 4년의 기간을 2년으로 단축시킨 실적을 이룬 것으로도 유명하다.

일본에서는 1960년경부터 건축성(建築省), 도로공단, 건설업, 조선업을 비롯하여 방송국 프로그램 시스템에 이용되고 있고 그 밖에도 기업들의 다양한 프로젝트에 활용되고 있다.

그러나 PERT법은 일정, 개시 시간, 종료 시간, 인원수 등 구체적인 숫자를 통해 상세한 일정을 계산해야 한다. 대형 프로젝트에는 유용하지만 일상에서 대략의 스케줄을 짜는 경우에는 전체상을 파악할 수 있는 간략한 기법만으로도 충분하다.

그래서 나는 이 PERT법을 기초로 카드를 활용한 '카드 PERT법'을 개발하였다. 그리고 카드 PERT법을 더 간략하게 만든 기법이 '카드 순서법'이다. 카드 순서법은 PERT법처럼 좌에서 우로, 가로 흐름에 따라 작업을 배치하는 방식을 살려 각 작업을 카드(포스트잇)에 적는다. 따라서 포스트잇을 이용하면 얼마든지 작업 계획을 변형시킬 수 있다.

브레인라이팅을 활용한 '카드 순서법'의 진행 방법

카드 순서법은 혼자는 물론 여러 명이 있을 때도 가능하다. 여기서는 '창고 건축 계획'의 예를 통해 진행 방법을 알기 쉽게 설명했다(도표 9-5).

카드 순서법의 실시 순서

1 주제 전체의 기본 계획을 세운다

주제의 최종 목표는 무엇인지, 며칠 정도 걸리는지, 어떤 작업이 필요한지, 어느 정도 인원이 필요한지, 비용은 얼마나 드는지 등을 생각한다.

2 시트를 준비한다

B4용지 2~3장, 노란색 포스트잇 50장을 준비한다.

3 모든 작업을 포스트잇에 적는다

우선 '창고 완성까지의 작업'이라는 주제를 가지고 브레인라이팅을 통해 발상한 내용을 포스트잇에 적는다.

4 B4용지에 작업 내용이 적힌 포스트잇을 붙인다

브레인라이팅을 통해 필요한 작업이 기입된 포스트잇을 왼쪽에서 오른쪽으로 작업의 흐름 순서에 따라 배치한다. 주요 작업을 정중앙에, 그와 병행되는 작업을 위아래에 배치한다.

5 빠진 내용이나 기타 작업이 없는지 점검한다

용지에 붙은 포스트잇의 흐름을 보고 빠진 작업은 없는지 점검하고, 있다면 포스트잇에 기입하여 추가로 붙인다. 불필요한 포스트잇은 제거한다.

6 작업의 흐름을 화살표로 표시한다

각 작업이 어떤 흐름으로 이어지는지를 생각하여 주요한 흐름은 ⇒로,

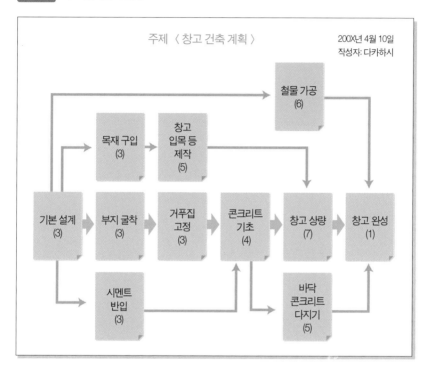

그 외는 →로 표시하여 포스트잇과 포스트잇을 이어간다.

7 각 포스트잇에 작업 시간을 적어 순서도를 완성한다

각각의 작업 시간을 일 단위로 (6), (7) 등과 같이 작업명 아래 적는다. 그리고 전체 일정이 계획대로 되는가를 확인하고 일정 조정을 한다. 마지막으로 B4용지 위쪽에 제목, 작성 일자, 작성자 이름을 적는다.

8 순서도가 완성되면 다시 검토하여 수정한다

순서도를 완성한 후에도 계속 수정을 거쳐 완성도를 높인다. 프로젝트가 진행 중이라도 카드 순서법을 이용하면 포스트잇으로 간편하게 수정할 수 있다는 이점이 있다.

만약 각 작업의 담당자가 정해졌다면 포스트잇 아래에 담당자 이름을 적도록 하자. 담당자의 의욕이 한층 고취될 것이다.

작성된 순서도를 기초로 사전에 구성원들과 작업 전체의 진행 방식을 공유해두면 실제 공정에서 실수를 줄일 수 있다.

'카드 순서법'은 모든 스케줄 관리에 바로 응용할 수 있다

카드 순서법은 간단하기 때문에 홈파티나 해외여행 계획부터 사내 운동회 기획에 이르기까지 다양한 스케줄 관리에 활용할 수 있다.

특히 회사에서 프로젝트에 앞서 구성원 전원이 카드 순서법을 실시하면 전체 업무와 자신의 담당 작업에 대한 이해도가 높아지고, 팀워크가 좋아져 작업이 수월하게 진행된다.

또한 일상적인 업무, 예를 들면 인사 채용 업무 등을 카드 순서법으로 시스템화하여 필요한 서류를 첨부한 매뉴얼을 만들 수 있다. 담당자가 바뀌어도 이 매뉴얼만 있으면 전혀 걱정 없다.

카드 순서법은 매우 간단하다. 브레인라이팅으로 해야 할 일들을 포스트잇에 적은 뒤 카드 순서법으로 정리하면 되므로 업무 스케줄을 짤 때 꼭 활용해보자.

이제 브레인라이팅을 즐겨보자

이제 모두 브레인라이팅에 대해 충분히 이해했으리라 믿는다. 그러면 바로 당면한 여러 문제에 응용해보도록 하자. 브레인라이팅을 머릿속에만 넣어두는 것은 아무런 의미가 없다. '간단히 실행할 수 있는 발상법'이라는 점이 가장 큰 특징이자 장점이기 때문이다.

당신이 안고 있는 문제는 개인적인 것인가? 조직의 문제인가? 아니면 사회문제인가? 브레인라이팅을 문제 분석에 사용할 것인가? 아니면 해결책 찾기에 사용할 것인가? 브레인라이팅은 어떤 종류의 문제나 해결책 혹은 어떤 단계에서도 사용할 수 있는 '만능 발상법'이다.

브레인라이팅을 했는데도 좀처럼 좋은 아이디어가 나오지 않으면 괴롭기 짝이 없다. 그러나 동료와 고민을 거듭하여 좋은 방안이 나왔을 때는 그 이상의 기쁨을 맛볼 수 있다. 비로소 브레인라이팅이 얼마나 '즐거운 발상법'인지 실감하게 된다.

브레인라이팅은 독일에서 만들어진 기법이다. 그러나 현재는 유럽 전역과 미국 등 서구에서 널리 이용되고 있다. 또한 나와 일본 창조학회 동료들 덕분에 일본을 비롯해 한국, 중국, 대만 등에도 소개되었다. 발상법으로서는 브레인스토밍 다음으로 보편적인 기법이다. 그런 의미에서 발상법에 관심이 있는 사람에게는 '필수적인 기법'이라 할 수 있다.

이 책은 '세계 최초의 브레인라이팅 관련서'가 아닐까 한다. 브레인라이팅에 주목하여 책으로 총 정리해보자고 제안한 도요케이자이신보사(東洋經濟新報社) 구와바라 데츠야 씨가 아니었으면 아마 이 책은 세상에 나오지 못했을 것이다. 처음 구와바라 씨로부터 제안을 들었을 때는 나 스스로도 '네? 그런 간단한 기법을 책 한 권에!' 하고 생각했다. 하지만 이렇게 책으로 엮고 보니 브레인라이팅은 역시 대단한 기법이라는 것을 실감하게 된다.

이 책이 출간된 데는 고안자인 호리겔 박사, 서구에서 보급에 앞장선 게슈카 박사 등 세계 창조성 연구자들에게 많은 빚을 졌다. 더불어 일본 창조학회를 비롯해 창조성 연구 관계자 모두에게 감사의 말을 전하고 싶다.

마지막으로 당부하고 싶은 것은 독자들이 브레인라이팅을 많이 활용하고, 보급해달라는 것이다. 우선 주변의 많은 사람들에게 알려주었으면 한다. 그리고 발상이 필요할 때는 언제든지 동료들에게 브레인라이팅을 하자고 제안하여 신선한 발상의 틀을 펼쳐나갔으면 하는 바람이다.

옮긴이 송수영

중앙대학교 일어일문학과를 졸업하고 동대학원에서 일어일문학 석사 학위를 받았다. 10년 넘게 잡지 기자로 일했고, 전문 번역가로 활동 중이다. 옮긴 책으로는 《3분 만에 마음을 얻는 말하기의 기술》, 《여자는 말하는 법으로 90% 바뀐다》, 《체인지 메이커》, 《마음을 유혹하는 경제의 심리학》, 《EYE : 26세 나는 세상으로 뛰쳐나갔다》, 《아오야마 살롱》, 《오마에 겐이치가 추천하는 내 생애 최고의 여행》 등이 있다.

종이 한 장으로 세계 최강의 기업을 만든 기적의 메모 발상법

브레인라이팅

초판 1쇄 인쇄_ 2010년 1월 15일
초판 1쇄 발행_ 2010년 1월 20일

지은이 _ 다카하시 마코토
옮긴이 _ 송수영
펴낸이 _ 명혜정
펴낸곳 _ 도서출판 이아소

종이 _ 대림지업
필름출력 _ 소다미디어
인쇄 _ 현문인쇄
제본 _ 바다제책
코팅 _ 서울코팅

등록번호 _ 제311-2004-00014호
등록일자 _ 2004년 4월 22일
주소 _ 120-840 서울시 마포구 서교동 408-9번지 302호
전화 _ (02)337-0446 팩스 _ (02)337-0402

책값은 뒤표지에 있습니다.
ISBN 978-89-92131-27-8 03320

도서출판 이아소는 독자 여러분의 의견을 소중하게 생각합니다.
E-mail: m3520446@kornet.net

레이건 대통령, 더스틴 호프만, 베라 왕, 손정의 등
세계적인 리더의 주치의

미국, 일본에서 30만 명의 위장(胃腸)을 치료한 세계 최고의 위장 전문의가 권하는 굵고, 길게 사는 방법!

**경이적인 100주 연속 베스트셀러,
200만 부 판매 돌파!**

세계 최고의 장수대국
일본이 왜 이토록 열광하는가?

신야 히로미 지음 | 신국판 | 세트 값 22,000원(전2권)

MBC 뉴스투데이, 조선일보, 한겨레신문, 문화일보, 한국경제, 서울경제 등 언론에서 극찬한 도서!

국내 온, 오프라인 서점 건강 베스트 1위!

건강에 대한 생각을 혁명적으로 뒤바꿔놓을 책! 저자가 세계적인 리더들의 신뢰를 받고
있는 이유를 보여준다! – 소프트뱅크 회장, 손정의

문명은 인간의 한계에 도전하는 과정이었다. 이 책은 '인간 수명의 한계에 도전' 하는
귀중한 기록이다! – 노벨 물리학상 수상자, 에사키 레오나

신야 히로미는 암 재발률 0%, 단 한 명의 환자에게도 사망진단서를 발급하지 않은 세계
최고의 위장전문의로 미국 위장내시경 학회 특별상과 2004년 동 학회 최고상을 수상했
다. 세계 최초로 대장내시경 삽입법을 고안해, 개복 수술을 하지 않고 대장내시경에 의한
폴립 절제에 성공해 의학계에 크게 공헌했다.

TEL. 337-0446 FAX. 337-0402　아아소